Hypnose
Alles ist möglich

12 spannende Fälle aus der Praxis
einer Hypnosetherapeutin

SANDRA BLABL

Inhalt

Widmung

Dieses Buch ist zwei Hypnotiseuren gewidmet, ohne die ich und viele andere Kolleginnen und Kollegen weltweit ihre Aufgabe nicht so gut ausüben könnten:

Dave Elman (1900 – 1967), dem wohl am meisten unterschätzten Hypnotiseur und Mitbegründer der modernen Hypnose. Direkte und schnelle Methoden waren sein Markenzeichen. Ihre Einfachheit und vor allem die Resultate überzeugen selbst die größten Zweifler und verblüffen die Kritiker. Tausende von Ärzte, Zahnärztinnen und Psychiater gingen bei ihm direkt in die Lehre.

Gerald „Jerry" Kein, der bereits im Alter von 12 Jahren von Dave Elman lernte, dann über Jahrzehnte Daves hocheffiziente Methoden weiterentwickelt und die OMNI Hypnoseausbildung integriert hat.

Danke!

Vorwort von Hansruedi Wipf

Sandra Blabl fiel mir 2011 schon im Unterricht der OMNI Hypnoseausbildung mit ihrem Engagement und ihrer Begeisterung auf. Als sich Sandra wenige Monate später bei mir am Hypnosecenter Effretikon als Hypnosetherapeutin bewarb, sagte ich sofort zu – was für eine gute Entscheidung!

Heute ist Sandra Blabl eine der renommiertesten Hypnose-Spezialistinnen zum Thema Gewichtsmanagement und bei der Behandlung von Essstörungen.

Sandra ist drangeblieben und hat die Hypnose in den Mittelpunkt ihres Lebens und Schaffens gestellt – erst als Hypnosetherapeutin in der praktischen Arbeit mit Klientinnen und Klienten, jetzt auch als erfolgreiche OMNI Hypnose-ausbilderin in der Schweiz und Deutschland.

Das vorliegende Buch „Hypnose - Alles ist möglich" ist ein weiterer Schritt auf ihrem Weg, die Geschichte der Hypnose aktiv mitzuprägen und Hypnose als Behandlungsmethode anerkannter und akzeptierter zu machen.

Alles was Sandra anpackt, macht sie mit Herzblut, fokussiert und konzentriert. Das drückt sich auch in „Hypnose – Alles ist möglich" aus, Sandra gibt nicht nur einen Überblick über die Möglichkeiten, die Hypnose theoretisch bietet, das Kernstück ihres Buchs sind spannende Fallbeispiele, die sie in ihrer Hypnosepraxis gesammelt hat.

Deshalb ist dieses Buch gerade für Menschen, die sich für die praktische Anwendung der Hypnose interessieren und die Ergebnisse, die mit ihr möglich sind, anschaulich gezeigt und spürbar gemacht bekommen wollen, ideal.

Sandra Blabl „Walks the Talk". Sie lehrt nicht nur Hypnose, sie leitet seit 2016 die Redaktion des internationalen Hypnosemagazins »HypnoMag« und hat dem Magazin in zwei Sprachen zu neuem Glanz verholfen. Sie hat Hypnose als

Klientin für ihre Weiterentwicklung und Heilung genutzt und arbeitet selbst Woche für Woche in ihrer Praxis und im Hypnosecenter mit Klientinnen und Klienten.

Was sie vorhat und erreichen will, erreicht sie auch. Sie bleibt hartnäckig dran, lernt auch aus Niederlagen, lässt sich nicht entmutigen, im Gegenteil, sie spornen sie an, noch besser zu werden.

Mit Menschen wie Sandra Blabl sind die Hypnose, Klientinnen und Klienten wie Schülerinnen und Schüler in guten, kompetenten Händen.

Weiter so, Sandra! Ich bin gespannt, was du sonst noch bewegst - die Hypnosewelt braucht Menschen wie dich. Ich empfehle jedem Menschen, der sich für Hypnose interessiert, Sandras Buch zu lesen!

Hansruedi Wipf
CEO Hypnose.NET GmbH / OMNI Hypnosis International

Vorwort der Autorin

Dieses Buch ist mir ein besonderes Anliegen, denn ich möchte, dass Hypnose und Hypnosetherapie bekannter werden. Ich finde es enorm wichtig, dass diese völlig unterschätzte Behandlungsmethode endlich in der breiten Bevölkerung akzeptiert und grundsätzlich als Alternative oder komplementär zu herkömmlichen schulmedizinischen Methoden angenommen wird.

»Hypnose – Alles ist möglich« ist ein lesenswertes Buch für dich, wenn du dich bisher noch nicht oder wenig mit Hypnose sowie deren Wirksamkeit und Einsatzgebieten beschäftigt hast. Es ist auch für dich geeignet, falls du Interesse hast, selber Hypnose zu lernen. Selbstverständlich sind ebenso alle Kolleginnen und Kollegen, die bereits mit Hypnose arbeiten, herzlich gerne eingeladen es zu lesen.

Ich erzähle über meine ersten eigenen Erfahrungen mit Hypnose als Klientin und wie und warum ich eine Ausbildung zur Hypnosetherapeutin gemacht habe. Weiter beschreibe ich 12 spannende und typische Sitzungsbeispiele aus den rund 2.500 Hypnosesitzungen, die ich bis heute durchgeführt habe.

Hypnose beziehungsweise Hypnosetherapie wird nach wie vor massiv unterschätzt oder überhaupt nicht in Betracht gezogen, weil sie noch nicht auf dem Radar der Menschen ist, die Hilfe suchen. Teilweise wird Hypnose als Therapiemethode ausgeschlossen, weil Menschen Angst davor haben. Manchmal rät ein Arzt von einer Hypnose ab, wenn eine Patientin oder ein Patient ihn danach fragt, weil er selbst zu wenig darüber weiß

Im besten Fall ist noch bekannt, dass Hypnose beim Rauchstopp oder zur Gewichtsreduktion hilft. Manche wissen zumindest, dass Hypnosetherapie auch bei der Behandlung von psychischen Problemen eingesetzt werden kann.

Immerhin wurde in Deutschland im Jahr 2006 die Hypnosetherapie vom Wissenschaftlichen Beirat Psychotherapie als wissenschaftliche Psychotherapiemethode im Sinne des § 11 des Psychotherapeutengesetzes für Erwachsene in bestimmten Anwendungsbereichen anerkannt. Diese Anerkennung bezieht sich auf psychische und soziale Faktoren bei somatischen Krankheiten sowie Abhängigkeit und Missbrauch (Raucherentwöhnung und Methadonentzug) bei Erwachsenen.

Das ist schön und gut, zeigt aber nur einen Bruchteil der Gebiete, wo Hypnose in Therapie und Coaching eingesetzt werden kann.

In diesem Buch beschreibe ich, was Hypnose wirklich ist und auch, was sie nicht ist. Ich räume mit den hartnäckigen Mythen und Märchen rund um Hypnose auf. Den Unsinn von Manipulation, Willenlosigkeit und nichts mitbekommen in Hypnose kann ich nicht mehr hören.

Weiterhin beschreibe ich eine Reihe von Fällen aus meiner Praxis mit dem breiten Anwendungsgebiet der Hypnosetherapie von A wie Angst bis Z wie Zwangsstörung. Darunter sind Fälle mit psychischen Problemen und körperlichen Krankheiten, aber auch solche, wo Menschen ein unangenehmes Verhaltensmuster ändern wollten und es nicht alleine geschafft hatten.

Um die Privatsphäre meiner Klientinnen und Klienten zu schützen, deren Beispiele ich hier anführe, habe ich ihre Identität verschleiert und dort, wo die Geschichte sehr speziell ist, deren Genehmigung eingeholt.

Jeder Mensch – auch du! - war schon oft in hypnotischem Zustand, ohne es zu wissen. Denn der Trancezustand ist eine ganz natürliche Fähigkeit, die jedem Menschen auf dieser Welt zu eigen ist. Dieser Zustand der Fokussierung nach innen wird in der Hypnosesitzung dazu genutzt, die Ursache der Blockade, des Problems oder der Krankheit im Unterbewusstsein aufzudecken und dann unmittelbar so zu bearbeiten, dass sie sozusagen neutralisiert wird. Somit wird es für das Unterbewusstsein hinfällig, das Symptom zu produzieren. Darauf gehe ich im Rahmen von »Hypnose – Alles ist möglich« detailliert ein.

Es herrscht viel Halb- oder Nichtwissen über Hypnose in der Bevölkerung. Das schürt Ängste. In diesem Buch erfährst du:

- warum diese Ängste grundlos sind
- warum in vielen Fällen keine Langzeittherapien notwendig sind
- dass Hypnose eine Methode ohne Medikamente und Nebenwirkungen ist
- welche vielfältigen Anwendungsgebiete es gibt und
- dass alles in einer einzigen Sitzung möglich ist

Hypnotische Grüße,

Sandra Blabl

Wie ich auf die Schnapsidee kam, mich mit Hypnose selbstständig zu machen

Als ich meine Hypnosepraxis im November 2011 gründete, hielten mich in meinem Freundes- und Bekanntenkreis viele für übergeschnappt. Bestenfalls belächelten sie mich: „Sandra hat wieder so eine Schnapsidee. Sie will sich mit Hypnose selbstständig machen."

Schon lange hatte ich erkannt, dass ich als Angestellte, die Anweisungen entgegennimmt und nach Schema X arbeitet, nicht tauge. Als Account Manager in der IT musste ich jedes Jahr noch mehr Umsatz bringen. Ich fühlte mich im Hamsterrad und sah die Selbstständigkeit als Befreiung daraus. Eine Selbstständigkeit in der IT konnte ich mir allerdings nicht vorstellen.

„Glücklicherweise" hatte ich seit vielen Jahren Fibromyalgie, umgangssprachlich Weichteilrheuma genannt. Die Schmerz- und Rheumamittel der Ärzte halfen irgendwann nicht mehr, und ich war kurz vor dem Zusammenbruch. Auf einen Tipp einer Arbeitskollegin hin ging ich zu einem Heilpraktiker. Nach gut drei Monaten war der Leidensweg vorbei und ich gesund. So fand ich meinen neuen Weg.

Es interessierte mich, wie die Naturheilkunde es schaffte, eine von der Schulmedizin als chronisch und unheilbar definierte Krankheit in so kurzer Zeit zum Abheilen zu bringen. Ich las tonnenweise Bücher über naturheilkundliche Verfahren und plötzlich wusste ich es: »Ich werde Heilpraktikerin und mache mich mit einer Praxis selbstständig!«

Ich machte die Ausbildung zur Heilpraktikerin an der Paracelsus Schule in Zürich. Einer der Dozenten erzählte im schulmedizinischen Unterricht so nebenbei, dass er in seiner Praxis Hypnose anbietet. Das klang so spannend, dass ich einen Termin abmachte.

Nach drei Sitzungen war ich fasziniert davon, wie es sich anfühlt in Hypnose zu sein - vor allem, was dabei im Kopf abgeht.

Ich recherchierte im Internet und verglich die Ausbildungsangebote von mehreren Hypnoseschulen in der Schweiz. Alle boten diverse Module über das ganze Jahr verteilt an, mit Kurskosten für die Gesamtausbildung im fünfstelligen Schweizer Franken-Bereich. Mit einer Ausnahme: Hansruedi Wipf vom OMNI Hypnose Training Center© Zürich versprach: »7 Tage Ausbildung reichen«.

Ich war skeptisch. Ich verglich weiter und hatte am Schluss zwei Favoriten. Mit Logik kam ich nicht weiter, also befragte ich mein Bauchgefühl. Das sagte: 7 Tage OMNI Hypnose-Ausbildung.

Hansruedi Wipf sagte am ersten Tag des Kurses den Schülern einen Satz, den ich zuerst für eine Übertreibung hielt: »Diese Ausbildung wird euer Leben verändern!«

Die Aussage ist wahr geworden. Diese Ausbildung hat mein Leben verändert.

Während der Intensivwoche der Hypnoseausbildung hatte ich mir einen Virus eingefangen. Der Virus heißt Hypnose, und ich möchte ihn nicht behandeln. Als ich erkannt habe, welch großes Potential in der Hypnosetherapie steckt, habe ich voll und ganz auf sie gesetzt.

Drei Wochen nach der Hypnoseausbildung habe ich meine Praxis eröffnet und mich zu 100% selbstständig gemacht. Ich habe meine ganze Energie und Zeit in den Aufbau der Praxis gesteckt. Nach sechs Monaten konnte ich bereits meine Fixkosten bezahlen, und der größte finanzielle Druck war weg.

Gesamt dauerte es ungefähr eineinhalb Jahre, bis ich von der Praxis nicht nur überleben, sondern gut leben konnte.

Die ganze Zeit über war ich mit voller Begeisterung bei der Sache. Es war und ist unendlich schön Menschen zu helfen, in ihr Energiepotential zurückzukommen.

Heute habe ich eine ausgebuchte Praxis. Zudem bilde ich selber Schülerinnen und Schüler aus, die diese wunderbare Methode ohne Medikamente und Nebenwirkungen lernen möchten. Ich leite die OMNI Hypnose Training Center© in Köln, München und Weil am Rhein bei Basel. Das von mir entwickelte Hypnose Fortbildungsseminar „HypnoSlim® – Abnehmen beginnt im Kopf“ ist regelmäßig ausgebucht.

War es wirklich eine Schnapsidee, mich mit Hypnosetherapie selbstständig zu machen? Nein, es hat sich gelohnt. Ich weiß jetzt, ich brauche nie wieder zu arbeiten, denn ich lebe meine Berufung!

Dank Hypnose, die mein Leben verändert hat.

Was, wenn ich meinen Klienten und Klientinnen nicht gut genug helfen kann?

Ich gebe es zu: ganz so einfach, wie es klingt, war es doch nicht. Ich hatte am Anfang meiner Ausbildungen sehr oft einen bestimmten Gedanken, der mir schlaflose Nächte bereitete: was, wenn jemand einen Termin bei mir will? Im Prinzip wollte ich genau das, dennoch war mir unwohl dabei.

In der Heilpraktikerausbildung hatte ich anfangs viel Spaß und war total wissbegierig. Ich saugte all die unbekannten und hoch spannenden Themen und Methoden auf wie ein staubtrockener Schwamm eine erlesene Flüssigkeit. Als Quereinsteigerin mit lediglich etwas angelesenem Buchwissen tauchte ich in eine absolut neue, faszinierende Welt ein.

Ich habe die Ausbildung zur Heilpraktikerin bei der Paracelsus Schule in Zürich gemacht. Hier gibt es nur die große Heilerlaubnis. Um danach von den Schweizer Krankenkassen anerkannt zu werden, musste ich in zwei Jahren 600 Stunden Schulmedizin und 1.400 Stunden Alternativmedizin vor Ort absolvieren.

Die Paracelsus Schule Zürich bietet auch ein 3-jähriges Studium an, in dem ich über die Pflichtstunden hinaus zusätzliche Fächer belegen konnte. Das hatte ich gebucht – wenn schon, denn schon! Am Schluss habe ich mir 840 Stunden Schulmedizin und fast 1.700 Stunden Alternativmedizin reingezogen.

In der Heilpraktikerausbildung lernst du viele Verfahren, die vorwiegend auf der körperlichen Ebene wirken. Entweder bekommen die Menschen natürliche Medikamente, die die Symptome zum Verschwinden bringen, oder es wird manuell am Körper oder energetisch gearbeitet.

Manuelle Therapien fielen für mich schon mal weg. Während der 300-stündigen Massageausbildung hatte ich zwar

Spaß, aber ich merkte schnell, dass ich Massage in der Praxis nicht durchführen wollte. Das ist einfach nicht meins.

Ich war mir unsicher, welche Methoden ich anbieten sollte. Mein Bauchgefühl sagte mir: »Da fehlt noch was.« Nur hatte ich damals keine Ahnung, was das war.

Als ich knapp zwei Jahre der Ausbildung hinter mir hatte, wurde ich wie oben erwähnt über einen Dozenten auf Hypnose aufmerksam. Er machte am Ende des Unterrichtstages eine kleine Fantasiereise mit der Klasse, um uns einen Eindruck zu vermitteln, was wir mit unserer Vorstellung anfangen können.

Wow, Hypnose, das klang spannend! Aber ehrlich gesagt fand ich damals fast alles faszinierend, was mit alternativen Methoden zu tun hatte.

In meinem Kopf begann es zu rotieren. Hypnose als mentales Verfahren. Die Psyche, die unseren Körper beeinflusst und Symptome auslösen kann. War sie das Puzzleteil, das mir gefehlt hatte?

Also machte ich, was ich vorher schon mit anderen Verfahren gemacht hatte: ich suchte mir in der Umgebung eine Hypnosetherapeutin und vereinbarte einen Termin, um die Methode selbst zu testen. Genügend ungelöste Themen bzw. Baustellen hatte ich damals ja. Die Doppelbelastung von Arbeit und Schule machte sich mit der Zeit bemerkbar. Ich schlief schlechter, meine Verdauung kam ins Stocken, der Kopf schmerzte immer öfter und meine langjährige Fibromyalgie und Bulimie wurden heftiger.

Wegen all dieser Themen war ich unter anderem schon bei einer Kinesiologin gewesen. Das war ok, jedoch irgendwie langweilig. Nichts gegen Kinesiologie, das ist eine tolle Methode, aber erstens hat sie mir bei meinen Problemen nicht geholfen und zweitens hat sie mich nicht gepackt.

Ich gehöre zu den ungeduldigen Patientinnen, die schnell eine Verbesserung haben wollen. Wenn nach zwei bis drei Sitzungen kein Schritt in eine positive Wirkung spürbar ist, suche ich weiter nach einer wirksamen Lösung.

Nun ging ich also zu einer Hypnosetherapeutin und hatte drei Sitzungen. Danach wusste ich es: »Das muss ich unbedingt auch noch lernen!« Es war wie ein Virus, den ich mir eingefangen hatte und nicht mehr loswerden wollte. Hypnose war das fehlende Puzzleteil.

Meine Google-Recherche spuckte mir seitenweise Möglichkeiten aus, wo ich in der Schweiz eine Hypnoseausbildung machen könnte. Ich hatte keinen Plan, worauf ich bei der Auswahl einer Hypnoseausbildung achten sollte.

War die Dauer der Ausbildung entscheidend? Je teurer desto besser? Oder sollte ich lieber einen Kurs in der Nähe belegen, statt zu jedem Modul endlos in der Gegend rumzukurven und im Hotel zu übernachten? Da gab es Ausbildungen, die dauerten über ein ganzes Jahr verteilt vier mal fünf Tage und kosteten an die 14.000 Schweizer Franken (das waren damals rund 10.000 Euro).

Puh, heftig! Sowohl vom Zeitaufwand her – schließlich war ich immer noch berufsbegleitend in der teuren Heilpraktikerausbildung! – als auch von den Kosten.

Und dann war da die damals altbackene, wenig ansprechende Webseite des OMNI Hypnose Training Centers Zürich. Der Ausbilder Hansruedi Wipf behauptete, dass du in 7 intensiven Tagen alles lernst was du brauchst, um als Hypnosetherapeut oder -therapeutin jegliche Themen behandeln zu können.

Sofort war ich höchst skeptisch. Ich bin als ehemalige Wirtschaftsinformatikerin sehr pragmatisch veranlagt, darum begann ich die verschiedenen Angebote genauestens miteinander zu vergleichen. Punkt für Punkt.

Schließlich blieben zwei Ausbildungsinstitute übrig. Eins mit der längeren und teureren Ausbildung. Und die OMNI Ausbildung, die nur ein Viertel der anderen kostete.

20 Tage über das Jahr verteilt versus 7 Tage am Stück und ein himmelweiter Preisunterschied. Letztendlich befragte ich mein Bauchgefühl und das machte eine klare Ansage: OMNI.

Gerne verrate ich dir, warum ich mich für die OMNI Ausbildung entschieden habe: Wenn ich mir was in den Kopf gesetzt habe, will ich es. Sofort. Ich wollte nicht noch eine Ausbildung, die sich ewig dahinzieht. Auch was Ausbildungen angeht bin ich ungeduldig und will möglichst schnell ein Ergebnis, in dem Fall den Abschluss.

Bei der Heilpraktikerausbildung machen drei Jahre aufgrund der Stoffmenge Sinn, aber wenn das wirklich stimmen sollte, was Hansruedi Wipf behauptete, dann konnte ich nach den 7 Tagen als Hypnosetherapeutin anfangen. Genau das wollte ich. So schnell wie möglich.

Einige Zeit, nachdem ich mich für die Hypnoseausbildung angemeldet hatte, bekam ich die Kündigung. Ich hatte ein Jahr vorher auf 75 % reduziert wegen des umfangreichen Ausbildungsprogramms an der Heilpraktikerschule. Das passte meinem neuen Vorgesetzten nicht. Also fand er einen Vorwand, mich rauszukicken.

Aber weißt du was? Für mich war das ein Zeichen! Ein Zeichen, dass ich mit meiner Praxis nicht mehr abwarten würde, bis ich die Heilpraktikerschule abgeschlossen habe, was noch gut ein Jahr dauerte. Für mich war es das Signal, jetzt mit meiner Praxis zu starten. Also begann ich nach einem passenden Raum zu suchen und hatte ihn bald gefunden.

Drei Wochen nach der Hypnoseausbildung eröffnete ich stolz meine Praxis. Jetzt war ich selbstständig, mein Traum hatte sich erfüllt.

Aber als der Traum Wirklichkeit wurde, empfand ich ihn mehr als einen Albtraum. Je näher der Eröffnungstermin kam, desto nervöser wurde ich. Der Raum war renoviert und fertig eingerichtet, die Webseite stand, die Visitenkarten waren da und die Einladungen für die Eröffnungsfeier rausgeschickt.

Als ich nichts mehr groß zu tun hatte, kam langsam aber sicher Panik auf. Was, wenn nun tatsächlich jemand einen Termin bei mir bucht? Da hatte ich erst zwei von drei Jahren der Heilpraktikerausbildung hinter mir und daher zwar schon die Hypnoseausbildung plus eine Menge, aber noch nicht alle Module abgeschlossen.

Wie zum Teufel sollte ich nur vorgehen, wenn jemand mit einem bestimmten Beschwerdebild kam? Phytotherapie? Ernährungsberatung? Baunscheidtieren? Akupressur? Hypnose? Eine Kombination daraus?

Ich hatte doch null Erfahrung. Natürlich war mir klar, dass ich anfangen musste, um Erfahrung zu bekommen und um Geld zu verdienen, so ohne Job – dennoch ging mir der Arsch auf Grundeis.

Da stand ich nun in meiner Praxis und hatte Angst, dass jemand kommt. Ich hatte Angst, nicht genau zu wissen, was ich tun sollte. Ich hatte Angst, meinen Klientinnen und Klienten nicht gut genug helfen zu können.

Ich fürchtete, dass jemand kommt und ich dastehen würde wie der Ochs vorm Berg. Ich weiss nicht mehr, wie viele schlaflose Nächte ich deswegen hatte. Aber dann änderte sich alles.

Trotz meiner Angst und Bedenken hatte ich zwei Inserate geschalten: eins für Naturheilkunde und eins für Hypnose. Dazu überlegte ich mir natürlich, was in den Inseraten stehen sollte.

Ohne Ahnung von Spezialisierung habe ich genau da begonnen, mich zu spezialisieren. Heute weiß ich es besser, aber damals habe ich einfach so aus dem Bauch heraus inseriert. Das Inserat für Naturheilkunde war der reinste Bauchladen. Ich habe die Vorlage noch und habe sie mal als schlechtes Beispiel für dich herausgesucht. Sie lautete:

„Neu in Zürich Oerlikon: Gesundheitspraxis Vis Vitalis

Fühlen Sie sich gesund und möchten sich dennoch persönlich weiterentwickeln? Fühlen Sie sich blockiert und kommen in Ihrem Leben nicht richtig vom Fleck? Sie fühlen sich nicht ganz fit, aber weder Ihr Hausarzt noch die Spezialisten finden eine Ursache? Sie haben chronische Beschwerden und kommen mit den bisherigen Behandlungen nicht so recht weiter?

Der „Energie-Check" verhilft innerhalb kurzer Zeit zu einer punktgenauen Ursachenfindung.

Eröffnungsangebot (gültig bis 31.01.2012): Energie-Check CHF 100.- (statt CHF 150.-), Dauer 1 Stunde inkl. Vorgespräch und Beratung."

Diese Anzeige bezog sich auf eine komplementäre Behandlungsmethode, aber nicht auf ein spezifisches Problem der potentiellen Klienten.

Im Bereich der Hypnose dagegen habe ich nur für Gewichtsreduktion inseriert. Das hatte folgenden Grund:

Kurz nach der Eröffnung meiner Praxis in Zürich hatte ich einen zweiten Praxisraum ca. 15 Kilometer entfernt im Hypnosecenter von Hansruedi Wipf angemietet. Schon irre, oder? Da schleppte ich all die Ängste mit mir rum, dass ich nicht wusste, ob ich meinen Klientinnen und Klienten gut genug helfen konnte, und dann mietete ich sogar einen zweiten Praxisraum! Das ist wieder typisch für mich.

Den Raum teilte ich mir zu je 50 % mit Sonya Mosimann, die vor allem Kinderhypnose macht. Sie war vormittags da, ich nachmittags.

Hansruedi Wipf hat mich damals gefragt, ob ich am Hypnosecenter das Thema Gewichtsreduktion mit Hypnose übernehmen möchte. Er wollte, dass alle, die bei ihm am Hypnosecenter sind, sich auf ein Spezialthema konzentrieren und dazu jene gewünschten Themen anbieten, die keine Spezialisierung der Anderen sind.

Mit meinem Hintergrund als angehende Heilpraktikerin und dem Abschluss als ganzheitliche Ernährungsberaterin im Gepäck habe ich diesen Vorschlag angenommen. Darum fiel es mir relativ leicht, zu diesem Thema zu inserieren. Auch diese Anzeige habe ich für dich rausgesucht:

„Hypnose neu entdeckt

Schlank und vital aussehen ... und sich rundum wohlfühlen - wer möchte das nicht? Doch die Zahl übergewichtiger Menschen in der Schweiz steigt kontinuierlich an. Wir leben in einem modernen Schlaraffenland, Nahrungsmittel sind nahezu immer und überall verfügbar. Dies kann zu Übergewicht und damit verbundenen gesundheitlichen Einbußen führen.

Übergewicht ist jedoch (meist) kein rein körperliches Problem. Dahinter verbirgt sind oft eine weitere Bedeutung wie Kummerspeck oder ein Schutzpanzer. Daher fällt es vielen Menschen so schwer, dauerhaft abzunehmen. Mit Hypnose werden gezielt die Blockaden eliminiert, die das Abnehmen bisher verhindert haben.

Als ganzheitliche Ernährungsberaterin und OMNI Hypnotiseurin mit NGH Zertifikat begleite ich meine Klienten gesamthaft, ihr Wohlfühlgewicht zu erreichen und beizubehalten. Der Körper findet zu seiner natürlichen Balance zurück, festgefahrene Essensmuster werden durch neue und gesündere ersetzt. Abnehmen mittels Hypnose ist keine Diät im herkömmlichen Sinn, sondern ermöglicht auf sanfte, effiziente und nachhaltige Weise, ganzheitlicher zu leben und dadurch zu einem natürlichen und genussvollen Essverhalten zu finden."

Das ist alles andere als ein Bauchladen-Inserat, sondern bezieht sich genau auf ein einziges Thema, das ich mit Hypnose lösen wollte.

Nach dem Erscheinen beider Zeitungsinserate passierte etwas, womit ich absolut nicht gerechnet hatte: es kamen nur Anfragen zur Hypnose! Da hatte ich genau den Nerv der übergewichtigen Frauen getroffen, die bereits eine Diätkarriere hinter sich hatten und verzweifelt waren, weil sie es nicht schafften, dauerhaft abzunehmen.

Die genaue Anzahl weiß ich nicht mehr, aber ich konnte nach diesem Zeitungsinserat circa zehn Erstsitzungen abmachen, fast alle Klientinnen buchten auch noch eine oder sogar zwei Folgesitzungen.

Auch wenn mir immer noch gewaltig die Düse ging, hatte ich doch eine Sorge weniger: welche Methode wähle ich aus. Die Leute wollten Hypnose, also bekamen sie Hypnose. Da ich immer noch keine Erfahrung hatte und es nicht anders wusste, machte ich einfach das, was ich in der Hypnoseausbildung gelernt hatte:

Ich folgte exakt dem Prozess, den ich gelernt hatte, ein genau definierter Ablauf, wie du die Klienten durch eine Hypnosesitzung führst und so im Unterbewusstsein die Ursachen für ihre Probleme auflöst. Das Schöne an diesem Prozess ist, dass du ihn für jegliches Thema, Problem oder Symptom anwenden kannst.

Was Besseres hätte mir gar nicht passieren können als dieser gefühlte Ansturm an Klientinnen. Ich sprang ins kalte

Wasser und machte Sitzung um Sitzung. Mit jeder Hypnosesitzung gewann ich an Erfahrung und mein Vertrauen in den gelernten Prozess nach der OMNI Hypnosemethode stieg. Er funktionierte!

Vor allem aber stieg mein Selbstvertrauen. Es tat mir so gut, als ich merkte, dass ich immer sicherer in der Anwendung des Hypnoseprozesses wurde. Die Sitzungen gingen mir zunehmend leichter von der Hand – oder sollte ich besser sagen von den Lippen?

Auch die positiven Rückmeldungen der Klientinnen taten mir unheimlich gut. Eines Tages merkte ich, dass jede Nervosität und Anspannung vor einer Hypnose weg waren. Jetzt begann mir meine Tätigkeit so richtig Spaß zu machen.

Ich inserierte ein Jahr lang. Alle zwei Monate. Die Inserate wurden immer kleiner und günstiger, die Terminanfragen stiegen dagegen mit jedem Mal an. Steter Tropfen höhlt den Stein.

Mit Hypnose ist es wie beim Autofahren: am Anfang musst du dich auf die Fußpedale, den Schalthebel und das Steuerrad konzentrieren, um das Auto im Griff zu haben. Mit der Zeit geht das Autofahren wie von allein, und du hast den Verkehr und die Strecke besser im Auge.

Bei der Hypnose steht am Anfang im Vordergrund, wie du Menschen sauber in den hypnotischen Zustand bekommst und was du machst, falls irgendetwas nicht gleich so funktioniert, wie du dir das wünschst. Du bist also mehr auf den Prozess und die Technik fokussiert als auf die individuelle Lösung des Kliententhemas. Das ist menschlich.

Mit der Zeit hast du aber den Prozess und die Technik so intus, dass der Ablauf wie von selbst passiert. Du kannst dich dann voll und ganz auf die Klientin und ihr Problem einlassen. So ist es mir ergangen. Der Umgang mit all den gelernten Hypnosetechniken fiel mir mit der Zeit so leicht, dass ich begann, Hypnose mit Wissen aus der Naturheilkunde und Ernährungsberatung zu kombinieren. Alles fügte sich zusammen.

Zudem habe ich an der NGH Convention, dem weltgrößten Hypnosekongress in den USA an mehreren Seminaren zum Thema Gewichtsreduktion teilgenommen. Ich wollte wissen, wie es die erfahrenen Kolleginnen und Kollegen dort angehen. Ein paar Techniken habe ich übernommen, das meiste war nach meinen Erfahrungen aber weniger brauchbar.

So entwickelte ich im Laufe der Zeit aus meinen Erfahrungen mit unzähligen Klientinnen das HypnoSlim® Konzept, einen ganzheitlichen Ansatz zur Gewichtsreduktion inklusive Hypnose und naturheilkundlichen Methoden. Seit 2013 unterrichte ich das 3-tägige HypnoSlim® Seminar vier bis fünf Mal pro Jahr.

In meinen OMNI Hypnoseausbildungen lege ich den Teilnehmerinnen und Teilnehmern immer nah, sich ebenfalls zu spezialisieren. Je „ausgefallener“ die Spezialisierung, desto besser ist es. Gewichtsreduktion, Rauchstopp oder Ängste sind zwar nicht besonders originell, aber viele Menschen profitieren von Lösungen in diesem Bereich.

Aber weißt du, wie viele Betroffene es mit Tinnitus, Reizdarm oder Migräne gibt, oder Menschen, die stottern? Das sind tolle Spezialisierungsthemen, und es gibt noch viele mehr.

Anfangs klammerte ich mich an den Prozess wie eine Ertrinkende an einen Ast. Nun surfe ich voller Freude über die Wellen. Nach mittlerweile rund 2.500 therapeutischen Hypnosesitzungen zu Themen von A - Z sind meine anfänglichen Ängste und Sorgen längst verschwunden. Aber ich kann mich noch gut erinnern und ich kann nachvollziehen, wenn es anderen auch so geht.

Meine Erfahrungen aus den vielen Sitzungen bringe ich in die Hypnoseausbildung mit ein. Meine Schülerinnen und Schüler erhalten meine ganz persönlichen Tipps, die ihnen helfen, von Anfang an erfolgreiche Hypnosesitzungen zu absolvieren.

Mit rund acht OMNI Hypnoseausbildungen und vier bis fünf HypnoSlim® Seminaren pro Jahr sowie der ausgebuchten Praxis habe ich eine für mich perfekte Abwechslung gefunden. Die Erfahrungen mit den Klientinnen und Klienten lasse ich in die Ausbildungen einfließen. In den Kursen nehme ich auch stets etwas für die Arbeit in meiner Praxis mit.

Hypnose hat mein Leben verändert. Nicht nur wegen der Sitzungen, die ich selber als Klientin erlebt habe, sondern vor allem, weil ich von Anfang an konsequent angewendet habe, was ich in den sieben Tagen der OMNI Hypnoseausbildung gelernt hatte. Und ich tue das immer noch.

Die hartnäckigen Mythen über Hypnose

Wenn ich heute irgendwo erzähle, was ich beruflich mache, kommen meist zwei Reaktionen:

Ein Teil der Leute ist fasziniert und möchte mehr über Hypnose wissen. Der andere Teil ist skeptisch oder gar total dagegen. Das Letztere kommt daher, dass immer noch Mythen über Hypnose verbreitet sind.

Viele Menschen, die nicht über Hypnose aufgeklärt sind und weder Methodik noch Wirksamkeit kennengelernt haben, lehnen diese Behandlungsmethode ab. Sie haben Angst, dass sie manipuliert werden könnten, peinliche Dinge machen, Geheimnisse ausplaudern oder gar zu Verbrechen angestiftet werden könnten. Das alles ist Quatsch.

Wenn in einem Hollywood-Film jemand mit Hypnose zu Diebstahl oder gar Mord angestiftet wird, dann ist das Hollywood und nicht real. Oder glaubst du auch an die Existenz oder Superkräfte von Batman und Darth Vader?

Mein Buch handelt von Hypnosetherapie und nicht von Showhypnose, die teils vermischt mit Zaubertricks ist. Etliche aus TV und Medien bekannte Bühnenhypnotiseure haben eine Ausbildung als Zauberkünstler. Der Show und den Wow-Effekten zuliebe mischen sie beides. Die Zuschauer wissen das nicht und denken alles sei Hypnose. So entsteht ein falscher Eindruck manchmal auch bei reinen Showhypnosen. Manche Zuschauer und Zuschauerinnen werden davon abgeschreckt, andere sind fasziniert.

Hypnosetherapie oder Hypnosecoaching hilft Menschen bei ihren Problemen. In der Hypnosepraxis lassen wir die Klientinnen nicht gackern wie Hühner. Wir bieten echte Lebenshilfe statt Showhypnose!

Aufklärung ist wichtig – das hypnotische Vorgespräch

Nicht alle Menschen, die in die Hypnosepraxis kommen, wissen was Hypnose ist und was nicht. Sie sind offen und suchen Hilfe. Viele haben dennoch falsche Vorstellungen von Hypnose. Sie glauben, sie machen die Augen zu und bekommen dann nichts mehr mit, bis die Hypnose vorbei ist. Wenn sie dann doch alles hören und denken können, glauben sie, nicht in Hypnose zu sein und das Unterbewusstsein lehnt so die Veränderung ab, die sie machen möchten.

Darum ist es immens wichtig, vor der eigentlichen Hypnosesitzung genau zu informieren, wie sich die Menschen den hypnotischen Zustand vorstellen können und was sie zu erwarten haben.

Hypnose ist kein ...

... Schlaf. Du hast dabei keinen Blackout und bist nicht ohnmächtig. Hypnose ist auch weder Willensschwäche noch Kontrollverlust.

Im Gegenteil! Die Menschen kommen ja zu uns Hypnosetherapeutinnen und Hypnosecoaches, weil sie zum Beispiel keine Kontrolle über ihr Rauch- oder Essverhalten haben. Sie wünschen sich die Kontrolle zurück, um nicht mehr zu rauchen oder weniger bzw. gesünder zu essen.

„In Hypnose stecken bleiben" gehört ebenfalls zu den hartnäckigen Märchen, die sich über Hypnose halten. Wie bitte soll jemand stecken bleiben in einem Zustand, den jeder Mensch auf dieser Welt tausende Male in seinem Leben erlebt, in den er kommt und den er wieder verlässt, weil es ein natürlicher, menschlicher Zustand ist?

Wir sind in oft Trance, wenn wir lange und bekannte Strecken mit dem Auto fahren und dabei nicht bemerken, wie die Kilometer verrinnen, weil du wie von selbst fährst. In diesen Momenten weißt du hinterher nicht mehr genau, wie lange die Fahrt gedauert hat oder was um dich herum passiert ist.

Oder wenn wir an einem See sitzen, aufs Wasser schauen und dabei nicht merken wie die Zeit vergeht.

Oder kurz vor dem Einschlafen, wenn der Körper schon schwer, aber der Verstand noch leicht da ist.

Steckenbleiben ist Quatsch. Selbst wenn der Hypnotiseur den Raum ohne Ankündigung verlässt, merkt es der Klient irgendwann, macht die Augen auf und ist wieder voll präsent. Oder er schläft ein, weil es sich so gut anfühlt in Hypnose zu sein. Dann wacht er irgendwann aus dem Schlaf auf, als hätte er zu Hause auf dem Sofa ein Nickerchen gemacht.

Hypnose ist ...

... ein Zustand der Entspannung und der Konzentration, in dem das Bewusstsein temporär in den Hintergrund und das Unterbewusstsein in den Vordergrund tritt.

Das Bewusstsein ist aber weder ausgeschalten noch schläft es. Daher bist du in Hypnose weder willenlos noch manipulierbar und kannst ganz normal denken. Somit kannst du dich nach der Hypnose auch an den Ablauf und das Geschehen der Sitzung erinnern.

Der hypnotische Zustand bietet zwei Vorteile, die im "Normalzustand" nicht gegeben sind. Zum einen ist das Unbewusste direkt ansprechbar und zum anderen ist die Konzentrationsfähigkeit stark erhöht.

Dadurch ist eine therapeutische Arbeit möglich, die im normalen Zustand nicht durchführbar ist oder deutlich länger brauchen würde. Das ist unter anderem der Grund, warum Psychotherapien oft so langwierig sind. Hier wird auf der bewussten Ebene gearbeitet.

Der Zustand der Hypnose lässt sich zum Beispiel mit dem völligen Versinken in einen Film vergleichen, bei dem du „mitlebst".

Auch Tagträumen ein hypnoseartiger Zustand. Der Zustand der Hypnose ist also ein völlig natürlicher Zustand, den jeder Mensch sehr häufig erlebt, ohne es zu merken oder ihn als solchen zu registrieren.

In Hypnose kannst du ...

... kurz gesagt: alles.

Du hörst in Hypnose alles, was die Hypnotiseurin sagt. Du denkst mit und kannst argumentieren. Du kannst reden und antworten, dich bewegen und kratzen, lachen und weinen.

Du kannst in Hypnose sogar lügen, wenn du das willst. Oder jederzeit aufstehen und gehen.

Subjektive Veränderungen in der Trance

Oftmals fragen Klienten oder Klientinnen vor der Sitzung, wie sich Hypnose anfühlt. Einmal wurde ich sogar gefragt, ob es so ist wie ein Nahtoderlebnis. Nein, natürlich nicht!

Klassischerweise ist der Körper in der Hypnose so entspannt, wie es der Person möglich ist, der Verstand ist dabei ganz klar und fokussiert. Es gibt eine Reihe subjektiver Veränderungen, die typisch sind, wenn jemand in Trance ist.

Die Hypnotisierten bemerken oft Folgendes:

- Ihre Arme und/oder Beine werden ganz schwer oder leicht.
- Ihre Arme und/oder Beine fühlen sich länger oder kürzer an.
- Ihre Augenlider beginnen zu flattern.
- Manche spüren ein Kribbeln und Pulsieren in Fingern und/oder Zehen.

- Manchmal laufen eine oder mehrere Tränen, ohne dass Emotionen vorhanden sind.
- Manche haben das Gefühl, dass ihr Körper schief liegt.
- Zu Beginn der Hypnose kann ein vermehrter Schluckreflex eintreten.

Es gibt noch weitere Zeichen für den Trancezustand, aber das sind die häufigsten. Wobei nicht immer alle beschriebenen Veränderungen eintreten. Manche Menschen spüren sie intensiver als andere. Das ist sehr individuell.

Am deutlichsten merken die Klienten und Klientinnen, dass sie in Hypnose sind, sobald es an die transformative Arbeit geht und die Regression durchgeführt wird. Da zweifeln sie nicht mehr.

Was Regression ist und warum sie so wichtig ist, erfährst du im nächsten Kapitel.

Die Ursachen auflösende Hypnose – Regress to Cause & Fix It

Meine Vorbilder und Ausbilder Gerald „Jerry" Kein und Hansruedi Wipf sagen stets:

»Es ist alles möglich in einer Sitzung!«

Ja, das ist so. Ich bin nun seit 2011 Vollzeit als Hypnosetherapeutin selbstständig und durfte schon sehr oft erleben, dass das Problem der Klientin in nur einer Sitzung behoben war.

Ich bin froh, dass ich mich damals für die OMNI Hypnoseausbildung entschieden hatte. Denn der Kern dieser Hypnosemethodik lautet:

»Regress to Cause and fix it!« "Gehe zur Ursache und löse sie!"

Regression oder auch Altersregression ist ein hypnotischer Prozess, bei dem die Menschen in Hypnose zeitlich in eine frühere Situation ihres Lebens zurückgebracht werden. Regress to Cause bedeutet nicht Regression zu irgendeiner beliebigen Situation, sondern zurück zum auslösenden Ereignis. Das heißt zu dem Ereignis, das die wahre Ursache für die Blockade, das Problem, das Symptom oder die Krankheit ist.

Oftmals kommen Menschen und meinen zu wissen, was die Ursache für ihr Thema ist. Eine Klientin zum Beispiel hatte Depressionen, seit ihr Mann sie und die Kinder verlassen hatte. Sowohl sie als auch ihr Psychotherapeut gingen davon aus, dass dieses Ereignis die Ursache für die Depressionen war. Dementsprechend wurde sie fünf Jahre psychotherapeutisch behandelt inklusive Einnahme von Antidepressiva. Dabei war die Trennung nur der Auslöser, aber nicht die Ursache. Die ganze Geschichte findest du im Kapitel Depression.

Mit Anwendung der Regression suchen die Klienten unter meiner Anleitung nach der Situation, die das Problem ausgelöst hat. Das ist dann der sogenannte ISE, der Initial Sensitizing Event. Manchmal sind es auch mehrere Ereignisse, die sich im Laufe der Zeit angesammelt haben und die sozusagen immer in die gleiche Kerbe der seelischen Wunde geschlagen und das Symptom verschlimmert haben. Solche nachfolgenden Ereignisse werden SSE genannt, Subsequent Sensitizing Events.

Der ISE kann viele Jahre und sogar Jahrzehnte zurückliegen. Mein ältester Klient war 82 Jahre, und wir haben eine ursächliche Situation aufgelöst, in der er 7 Jahre alt war.

Sobald wir das ursächliche Ereignis (ISE) und gegebenenfalls die nachfolgenden belastenden Ereignisse (SSEs) im Unterbewusstsein gefunden und gelöst haben, kann die dadurch verursachte seelische Wunde heilen. Der Genesungsprozess kommt in Gang, denn es gibt dann keinen Grund mehr für das Unterbewusstsein die Blockade, das Symptom oder die Krankheit zu produzieren.

Darum ist in einer einzigen Hypnosesitzung alles möglich!

Dazu ist hier ein Klientinnenbeispiel zur Verdeutlichung: ein 8-jähriges Mädchen war leicht übergewichtig und wurde vom älteren Bruder als fette Kuh beschimpft und ausgelacht. Das hat sie sehr gekränkt und verletzt. Ein ISE ist entstanden, eine seelische Wunde.

Nach der 4. Klasse wechselte sie die Schule. Eine Gruppe von Mädchen, die alle sehr schlank waren, tuschelte und lachte immer hinter den Rücken meiner Klientin. Eines Tages hörte sie, wie die Mädchen sagen, „die wird nie einen Freund bekommen, weil sie so dick ist". Die alte Wunde riss weiter auf, ein SSE war entstanden.

Im Jugendalter verliebte sich meine Klientin und sagte das dem Jungen unter vier Augen. Er lachte sie nur aus, er würde sich doch nicht mit einer fetten Freundin blamieren. Wieder verletzte sie das sehr und ein weiterer SSE war entstanden. Die Frau nahm immer mehr zu, weil sie ihren Kummer ständig runterschluckte und sich mit Süßigkeiten tröstete.

Nach rund 2.500 therapeutischen Hypnosesitzungen weiß ich, dass jede Krankheit und jedes Symptom eine Ursache hat.

Diese Ursachen sind Ereignisse aus unserer Vergangenheit, die uns belastet haben und nicht verarbeitet sind. Diese Ereignisse haben sich meiner Erfahrung nach zu 96 % in der Kindheit oder frühen Jugend ereignet, einer Zeit, in der Menschen sehr sensibel und verletzbar sind.

Das können schwer traumatische Ereignisse wie Vergewaltigung und Gewaltanwendung sein. Oft sind es aber aus Sicht des heutigen Erwachsenen eher mittelschwere oder gar banale Ereignisse beziehungsweise „normale" Familiengeschehnisse:

- Teils war es die Scheidung der Eltern, als der Klient noch ein Kind oder Jugendlicher war.
- Oft waren die Eltern nur körperlich anwesend, statt vor allem emotional.
- Etliche Kinder bekamen zu wenig Liebe und Aufmerksamkeit.
- Mobbing in der Schule ist ebenfalls eine häufige Ursache.
- Menschen, die adoptiert wurden, können dadurch ein Trauma erleiden.
- Wenn die Zeugung der Klientin war ein „Unfall" war, nimmt das ein gerade entstehender Fötus schon unterbewusst wahr.
- Bei Klienten, die als Kind Verantwortung übernehmen mussten wegen des Verlusts oder der Krankheit eines Elternteils, hinterlässt das oftmals seelische Wunden.

- Manchmal reicht es schon, wenn die Klientin sich als Baby oder Kind oft allein gefühlt hat.
- Und vieles anderes ...

Das alles und noch viel mehr sind leichte, mittlere und schwere Traumata, die nicht verarbeitet wurden – die nicht verarbeitet werden konnten. Wie sollte das ein Kind auch können?

Von der Schwere des Traumas kann nicht unbedingt auf die Schwere der Krankheit bzw. des Symptoms geschlossen werden, auch wenn es oft zusammenhängt.

Manchmal verursacht ein leichtes Trauma ein sehr belastendes Symptom. Manchmal verursacht ein schweres Trauma ein nur wenig belastendes Symptom.

Mit Regression in Hypnose können wir solche Traumata auflösen. Regression geht schnell, ist einfach und es macht Freude, sie anzuwenden. Ursachen auflösende Hypnose wird oft noch massiv unterschätzt, obwohl sie eine hoch effiziente Methode ohne Medikamenteneinsatz und Nebenwirkungen ist.

An dieser Stelle ist es wichtig, dass du verstehst, welche Rolle Bewusstsein und Unterbewusstsein dabei spielen und wie ihr Verhältnis zueinander ist.

Der mentale Eisberg

Nun kann ich nicht mit exakten wissenschaftlichen Daten aufwarten, aber das Verhältnis sieht wie folgt aus:

Der bewusste Teil deines Verstandes, zu dem Logik, Ratio, Analytik, Zahlen, Daten, Fakten und der Wille gezählt werden, macht je nach Quelle 0,1 bis 20 Prozent des gesamten Verstandes aus.

Das Bewusstsein ist wie die Spitze des Eisbergs, von dem nur ein kleiner Teil über den Wasserspiegel herausragt.

Zu meinen Klientinnen und Klienten sage ich immer, das Bewusstsein beträgt ca. 5 Prozent des Verstandes. Das gilt auch für »Kopfmenschen«.

Der unbewusste Teil deines Verstandes macht demnach ca. 95 Prozent aus. Dort geht es um Instinkte und Triebe, Fantasie, Farben, Formen und Bilder. Er ist der Sitz der Emotionen. Dort hast du Verhaltensmuster und Gewohnheiten abgespeichert.

95 Prozent von allem, was du den ganzen Tag denkst, fühlst oder tust, wird vom Unterbewusstsein gesteuert.

Um beim Eisberg zu bleiben:

Ja, auch ein sehr großer Teil unserer Gedanken kommen aus den Tiefen unter der Wasseroberfläche. Wir merken nicht, ob Gedanken vom Bewusstsein oder Unterbewusstsein kommen.

Das Unterbewusstsein ist der unsichtbare Kapitän, der den Kurs deines Lebens steuert.

Gedanken und Emotionen

Immer wiederkehrende Gedanken werden vom Unterbewusstsein produziert.

Wenn du zum Beispiel Prüfungsangst hast, dann löst der Gedanke - und nur der Gedanke! - an die Prüfung die Angst samt ihren Symptomen aus, wie zum Beispiel Druck auf der Brust, ein sich zusammenziehender Magen, Herzklopfen und zittrige Hände.

Ohne jeglichen Gedanken an die Prüfung wird die Angst nicht ausgelöst. Sobald du an eine bevorstehende Prüfung denkst, erinnert sich das Unterbewusstsein an vergangene Prüfungen.

Prompt kommen die damit abgespeicherten unangenehmen Erfahrungen als Gedanken dazu. Das sind die Erfahrungen aus dem ISE (dem ursächlichen Ereignis) und gegebenenfalls den SSEs (den darauf folgenden Ereignissen). Wie du damals schon Angst hattest, wie du durchgefallen bist oder wie knapp du die Prüfung geschafft hast. Das wiederum löst die damit verbundenen Angstsymptome aus.

Angst dient immer dem Schutz vor Gefahr. Daher schickt dir das Unterbewusstsein die Gedanken an die Prüfung immer wieder und wieder. Es will dich vor etwas bewahren. Nur ist es dir mit dem Bewusstsein in den allermeisten Fällen nicht nachvollziehbar, vor welcher Gefahr genau du beschützt werden sollst.

Wenn du an eine bevorstehende Prüfung denkst, erinnert sich das Unterbewusstsein aber nicht nur an vergangene Prüfungen, sondern vor allem an das Ereignis, das die Angst ursächlich einmal ausgelöst hat.

Das Unterbewusstsein arbeitet nicht logisch, sondern verknüpft das Bild und die Emotion einer früheren Erfahrung mit einer aktuellen Situation. Was ich genau damit meine, beschreibe ich in folgendem Fall aus meiner Hypnosepraxis.

Flugangst vorbei in 30 Minuten

In allen folgenden Fallbeispielen beschreibe ich in Kurzform das Anliegen der Klientinnen oder Klienten, das sie mir in der Anamnese erzählt haben. Anschließend erfährst du die wichtigsten Details aus der Hypnosesitzung. Da ich in der ersten Sitzung immer Ursachen auflösend mit „Regress to Cause“ arbeite, erfährst du jedes Mal den wahren Grund für die Blockade, das Symptom oder die Krankheit der Klientin oder des Klienten. Und ich verspreche dir, das ist stets hoch spannend!

Die Vorgeschichte

Die 22-jährige Sachbearbeiterin Anita hatte 2,5 Monate vor ihrem Flug in die USA einen Termin bei mir angefragt. Bei Ängsten vor einer bestimmten Situation bevorzuge ich es, wenn die Klienten, kurz bevor sie mit der betreffenden Situation konfrontiert werden, zu mir kommen.

Vergeht zu viel Zeit zwischen der Hypnose und der früher angstauslösenden Situation kann es sein, dass die Klienten sich wieder in eine Angst reindenken und eine neue Angst entsteht. Wenn Klienten oder Klientinnen dagegen mit der frisch gelösten Angst in diese Situation reingehen und gleich ein Erfolgserlebnis haben, ist das Unterbewusstsein endgültig überzeugt, dass wirklich keine Gefahr droht.

Daher habe ich mit der jungen Frau einen Termin ein paar Tage vor dem Abflug vereinbart. Anita kam in die Praxis und erzählte mir Folgendes:

Nachdem sie zusammen mit ihren Freundinnen den Flug gebucht hatte, wurde sie immer nervöser. Die Nervosität schlug dann in Angst um, Angst vor dem Fliegen. Sie bekam beim Gedanken ans Fliegen Herzklopfen, Druck auf der Brust, schweißnasse Hände und zitterte. Sie hatte typische Angstsymptome.

Sie wollte aber ruhig und gelassen sein vor und während des gesamten Fluges. Sie wollte, dass Fliegen sich für sie so selbstverständlich anfühlt wie mit dem Bus zu fahren.

Anita war einmal als Kind zusammen mit den Eltern geflogen, konnte sich aber an nichts erinnern, was dort die Angst ausgelöst haben könnte. Sie habe schon hin und her überlegt, sei aber zu keinem Ergebnis gekommen, erzählte sie. Das ist verständlich, denn diese Überlegungen stellte sie auf der Bewusstseinsebene an.

Sie war schon einmal mit anderen Themen bei mir gewesen und kannte Hypnose und das Vorgehen. Nach wenigen Minuten war sie in der passenden Trancetiefe und wir konnten anfangen, nach der Ursache der Flugangst zu suchen.

Ich führte sie über das belastende Gefühl zurück zum Ursprung. Nur eine Minute später wussten wir, was die Flugangst ausgelöst hatte.

Der Grund ihrer Flugangst

Sobald die Klientin gedanklich und emotional bei der ursächlichen Situation angelangt war, stellte ich ihr zunächst Orientierungsfragen.

Ich: Ist es Tag oder Nacht?

Anita: Abend

Ich: Bist du drin oder draußen?

Anita: Drinnen

Ich: Bist du allein oder ist noch jemand da?

Anita: es sind viele Menschen da

Ich: Wie alt bist du?

Anita: 16

Ich: Erzähle, was passiert gerade?

Anita: ich bin mit einem Freund im Kino. Der Film hat noch nicht begonnen. Mir ist total schwindelig. Ich bekomme Panik, laufe zur Toilette, dann muss ich ganz nach draußen.

Um den Verlauf der Sitzung zu verstehen, sind folgende Hintergrundinformation wichtig: Die 22-Jährige hatte mit 16 Jahren sehr starke Schwindelanfälle bekommen. Diese lösten immer wieder Angst und Panik in ihr aus. Die Ärzte fanden keine Ursache. Seit einer naturheilkundlichen Behandlung bei mir zwei Jahre vorher trat der Schwindel nur noch selten und ganz schwach auf.

In der Hypnose erinnerte sie sich nun daran, dass sie als 16-Jährige im Kino eine starke Schwindelattacke hatte und daher das Kino schnell verlassen musste.

Das bildhaft „denkende“ Unterbewusstsein war in Aktion.

Damals hatte sie Panik im Kino – jetzt hatte sie Flugangst. Was war passiert?

Unser Bewusstsein arbeitet logisch, rational, analytisch. Es verarbeitet Daten, Zahlen, Fakten. Das Unterbewusstsein dagegen speichert Gegenstände und erlebte Situationen bildhaft ab. Es mag Formen, Farben, Bilder und es ist der Sitz unserer Emotionen.

Das Unterbewusstsein der jungen Frau hatte die Kino-Szene noch „in Erinnerung“: Enger Raum, viele Menschen, Sitze dicht nebeneinander. Schwindel, Panik, raus! -und hat sie in Verbindung mit dem Flugzeug gebracht. Enger Raum, viele Menschen, Sitze dicht nebeneinander, keine Möglichkeit, rauszulaufen.

Anitas Unterbewusstsein hat also das „Bild Kino“ mit dem „Bild Flugzeug“ gleichgesetzt. Um zu verhindern, noch einmal so etwas wie im Kino zu erleben, hat ihr das Unterbewusstsein Angst produziert. Es wollte die junge Frau vor einem weiteren negativen Ereignis schützen. Es ging also nicht primär um Angst, sondern um Schutz.

Frei von Flugangst

Ich zeigte der sympathischen jungen Frau, wie sie selbst die Verbindung Kino – Flugzeug auflösen und ihrem Unterbewusstsein ein neues, positives Bild vom Fliegen zum Abspeichern geben kann. Anita flog danach in ihrer Vorstellung – also noch in Hypnose - ruhig und gelassen in die USA. Ein paar Tage später flog sie real ruhig und gelassen in die USA. Als würde sie in einen Bus einsteigen und in den nächsten Ort fahren.

Die ganze Hypnosesitzung hatte insgesamt gerade mal 30 Minuten gedauert.

Oftmals sind es nicht die „offensichtlichen“ Ereignisse, die zu einem Problem führen. Es sind sogar sehr selten die bewusst wahrgenommenen Situationen, die uns das Leben irgendwann unangenehm oder gar schwer machen können.

Ich habe schon mehrmals erwähnt, dass unser Unterbewusstsein rund 95 Prozent unseres Verstandes ausmacht. Es speichert einfach ab, was über emotional erlebte Situationen

„reinkommt“. Es kann nicht zwischen „gut“ und „schlecht“ unterscheiden. Diese Entscheidung macht nur unser Bewusstsein.

Das Unterbewusstsein lässt das Realität werden, was dort als Bild abgespeichert ist. Welche emotionale Situation auch immer dieses Bild hat entstehen lassen.

Das Gute daran ist, dass es möglich ist, ein (Symptom erzeugendes) „negatives“ Bild durch ein positives Bild zu ersetzen. Mit der Ursachen auflösenden Hypnose geht das in sehr vielen Fällen schnell und einfach.

Anita hat keine Flugangst mehr - dank der Kraft ihres Unterbewusstseins.

Den Grund, warum ich zu 100 % für Ursachen auflösende Hypnose bin, liest du im folgenden Kapitel.

Wasch mich, aber mach mich nicht nass!

Manche Menschen kommen zur Hypnose und wollen, dass ich „ihr Problem wegmache". Sie wollen die Augen zumachen und nichts mitbekommen von der Problemeliminierung. Wenn sie die Augen nach der Sitzung wieder öffnen, soll ihre Welt anders sein.

Ich nenne das „Wasch mich, aber mach mich nicht nass!"

Wie ich schon im Kapitel „Die hartnäckigen Mythen über Hypnose" beschrieben habe, ist Hypnose kein Schlaf, keine Ohnmacht, kein Blackout oder weggetreten Sein.

Darum bekommst du in Hypnose alles mit und weißt anschließend auch, was genau du im hypnotischen Zustand erlebt, gefühlt, gedacht und gemacht hast.

Es ist daher nicht möglich, sich ein Problem ohne aktives Mitwirken und vor allem ohne es mitzubekommen eben mal so wegmachen zu lassen. Hypnose ist keine Zauberei, auch wenn manche Menschen das immer noch glauben. Nur du kannst eine Veränderung bewirken!

Ich kann das nicht für dich machen und auch kein anderer Hypnotiseur, keine Hypnotiseurin. Wir können dich nur anleiten und dir zeigen, wie du selbst mit Hilfe der Hypnose die Veränderung herbeiführst, die du möchtest.

Essentiell wichtig ist, dass du diese Veränderung wirklich willst.

Nein, das ist nicht selbstverständlich. Typische Beispiele sind:

Ein Raucher, der zur Raucherentwöhnung kommt, weil seine Partnerin das Rauchen eklig findet, weil der Arzt der Person dringend geraten hat aufzuhören oder weil es eben vernünftig ist, das Rauchen sein zu lassen. Wenn die Person das nicht aus tiefstem Herzen will, wird sie es auch mit Hypnose kaum schaffen.

Ich hatte auch schon Jugendliche, die von der Mutter zur Hypnose bei mir angemeldet wurden, weil die Mutter meinte, ihr Kind solle weniger bzw. gesünder essen oder besser in der Schule sein oder anderes. Wenn die Jugendlichen aber nur zu mir kommen, weil die Mutter das will und um ihr einen Gefallen zu tun, wird auch da die Hypnose nichts bringen.

Nur wer die Veränderung wirklich will und genug vom Leidensdruck hat, kann es schaffen, und mit Hypnose wird er oder sie es schaffen.

Es gibt verschiedene Ansätze mit Hypnose transformativ zu arbeiten, auf der einen Seite die symptomorientierte Hypnose, auf der anderen die ursachenorientierte Hypnose.

Symptomorientierte Hypnose

Hier werden dem Klienten und Klientinnen viele Suggestionen gegeben, die das neue gewünschte Verhalten, Denken und Fühlen beschreiben.

Oft wird das auch mit sogenannten Wirktexten umgesetzt. Das sind fertige Vorlagen zu bestimmten Problemthemen, die Metaphern und Suggestionen enthalten. Der Hypnotiseur oder die Hypnotiseurin liest diese Texte in der Hypnose vor.

Den Begriff Suggestion gibt es seit dem 17./18. Jahrhundert. Er bezeichnet in seiner ursprünglichen Form die manipulative Beeinflussung einer Vorstellung oder Empfindung eines Menschen, die zur Folge hat, dass er die Manipulation nicht wahrnimmt. Werbung nutzt vielfach diese Art von Suggestionen.

Die Psychologie versteht unter Suggestion eine Beeinflussungsform von Fühlen, Denken und Handeln.

Im Zusammenhang mit der Hypnose wurde der Begriff Suggestion erstmals von James Braid verwendet. Er prägte auch den Ausdruck Neurypnology (Neurohypnotismus) in Anlehnung an das griechische Wort für Schlaf „hypnos“ (da man damals dachte, Hypnose ist Schlaf). Später wurde daraus das Wort Hypnose.

Im Themengebiet der Hypnose bezeichnen Suggestionen unmittelbar wirkende positive Eingebungen durch den Hypnotiseur, die Hypnotiseurin. Genauer gesagt wird zwischen der Autosuggestion (ist gleich Selbsthypnose), also der Beeinflussung durch sich selbst, und der Heterosuggestion, der Beeinflussung durch Andere unterschieden.

Wenn nur mit Suggestionen gearbeitet wird, kann das Symptom verschwinden. Genauer gesagt wird das Symptom damit nur unterdrückt. Das heißt die Flugangst, die Kopfschmerzen, das übermäßige Bedürfnis nach Schokolade oder die Stimmungsschwankungen können nach einer oder mehreren Hypnosesitzungen weg sein.

Allerdings ist damit die Ursache für das Problem des Klienten nicht weg, und das kann eine Symptomverschiebung bewirken! Was heißt das?

Wird eine Flugangst wegsuggeriert (was die Menschen übrigens voll und ganz mitbekommen), kann es sein, dass er irgendwann eine andere Angst wie zum Beispiel Höhenangst, Angst im Lift, in Menschenmengen und so weiter … entwickelt.

Wird das zu starke Bedürfnis nach Süßem wegsuggeriert, kann es sein, dass die Klientin danach stattdessen mehr Salziges oder mehr Nüsse isst.

Wird ein Heuschnupfen mit Suggestionen zum Verschwinden gebracht, kann der Klient danach eine Milchallergie (nicht zu verwechseln mit Laktoseintoleranz) oder eine andere Allergie entwickeln.

Die Schulmedizin arbeitet symptomorientiert. In akuten Fällen wie bei Unfällen, Verletzungen oder Infektionen ist die Schulmedizin wichtig und notwendig. Bei chronischen Geschehen wird jedoch nur das Symptom behandelt mit Tabletten, Spritzen oder Operationen.

Ein Symptom hypnotisch anzugehen ist sicher besser als mit oben genannten Maßnahmen, aber meines Erachtens nicht sinnvoll.

Es gibt immer einen Grund, warum zum Beispiel eine Angst, eine Phobie, eine Depression oder ein Morbus Crohn entsteht. Seele und Körper machen das nicht zum Spaß.

Ein Symptom ist immer ein Zeichen der Seele, dass etwas nicht stimmt. Das Symptom kann sich psychisch oder körperlich zeigen.

Nun gibt es also Menschen, die nicht aktiv an ihrem Veränderungsprozess mitarbeiten möchten. Sie wollen sich hinlegen, die Augen zumachen, sich suggestiv bequasseln lassen und dann ihr Problem los sein.

Das nenne ich „Wasch mich, aber mach mich nicht nass!"

In manchen Fällen funktioniert das auch, leider teilweise nicht dauerhaft. Und dann heißt es, Hypnose hat nicht geholfen.

Ich bevorzuge immer die Ursachen auflösende Hypnosemethode.

Ursachenorientierte Hypnose

Hier schauen wir mittels Regression, was wirklich hinter dem Problem, dem Symptom, der Krankheit oder der Blockade des Klienten oder der Klientin steckt.

Es gibt verschiedene Regressionsmethoden. Ich bevorzuge die sogenannte Affektbrücke, weil sie einfach ist und schnell und zuverlässig funktioniert. Dabei wird die Person über das belastende Gefühl zurück zur ursächlichen Situation gebracht.

Anschließend folgt der wichtigste Teil: das Auflösen des belastenden Ereignisses im Unterbewusstsein durch die Arbeit mit dem inneren Kind oder des jüngeren Erwachsenen. Ca. 98 Prozent aller Ursachen liegen im Kindesalter. Die restlichen 2 Prozent teilen sich bei meinen bisherigen Klienten und Klientinnen auf in Ursachen, die im Erwachsenenalter passiert sind oder in einem früheren Leben.

Oftmals kommen Menschen, die vermuten oder sich gar sicher sind, was die Ursache für ihr Problem ist. Erfahrungsgemäß ist dieses Ereignis jedoch nicht entscheidend. Dieses vermeintliche Wissen oder das Glauben kommt aus unserem Bewusstsein. Wir überlegen logisch und rational, was die Ursache gewesen sein könnte.

Zuverlässig weiß es jedoch nur das Unterbewusstsein. Und mit der Regression finden wir die Ursache des Problems genau dort.

Ist die Ursache gelöst, hat das Unterbewusstsein keinen Grund mehr ein Symptom, zu produzieren, sei es psychisch oder physisch.

Nach der Ursachen auflösenden Hypnose arbeite ich immer unterstützend mit Suggestionen. Jetzt wo das belastende Ereignis neutralisiert ist, ist es wichtig, im Unterbewusstsein des Klienten das neue gewünschte Verhalten, Denken und Fühlen bildhaft und gefühlsmäßig zu verankern.

Danach lasse ich sie gedanklich in die Zukunft reisen, um sein bzw. ihr geändertes und positives neues Ich zu sehen.

Ist Regression einzusetzen wie mit Kanonen auf Spatzen zu schießen?

Ich höre manchmal von Kolleginnen und Kollegen, dass Regression nicht immer notwendig sei. Bei vielen Themen sei Regression so, als würde mit Kanonen auf Spatzen geschossen werden. Nur wie sollte ich vor der Hypnose wissen können, dass eine Regression nicht notwendig ist?

Ich möchte nicht zuerst symptomorientiert arbeiten, nur um dann, wenn es nicht funktioniert hat, doch mit Regression weiter zu machen. Das bedeutet für die Menschen, die für eine Lösung zu mir kommen und für mich Geld- und Zeitverschwendung.

Ich bin zu 100 % für Ursachen auflösende Hypnose, weil sie einfach anzuwenden ist und meinen Klientinnen und Klienten nachhaltig hilft.

Manche Regressionssitzungen gehen sehr schnell, weil die belastende Ursache – aus Sicht des heutigen erwachsenen Menschen – banal war und schnell im Unterbewusstsein neutralisiert werden konnte.

Andere Regressionssitzungen dauern länger. Nicht weil die Regression an sich länger dauert, sondern weil die Arbeit mit dem inneren Kind und zusätzlich notwendigen Methoden wie Vergebungsarbeit Zeit brauchen, je nach dem damaligem Geschehen.

Hinter dem „Wasch mich, aber mach mich nicht nass!"-Anliegen eines Klienten steckt immer die Angst, es könnte was Schlimmes hochkommen, wenn ursachenorientiert gearbeitet wird. Aber egal wie schlimm die auslösende Situation war:

Es ist besser, in einer intensiven Sitzung diese auslösende Situation zu bearbeiten. Danach geht es den Klienten und Klientinnen deutlich besser, als wenn sie ihr Leben lang weiter gelitten hätten.

Und das wohlige warme Gefühl nach dem Trocknen ist wunderschön.

Aller Anfang ist spannend

Ich erinnere mich noch an meine erste Sitzung, als wäre sie gestern gewesen. Eine Freundin wollte nicht warten, bis ich meine Praxis eröffnet habe, und ich stimmte zu, dass sie zu mir nach Hause kommen kann. Nach der Anamnese und dem hypnotischen Vorgespräch legte sie sich auf das Sofa. Auf dem Tisch daneben hatte ich tonnenweise meiner Unterlagen aus der Hypnoseausbildung ausgebreitet. Ich wollte Texte und Notizen, die ich vielleicht brauchen könnte, griffbereit haben.

Die Elman Induktion zur Einleitung der Hypnose und die Vertiefung machte ich brav nach Text, denn zu dem Zeitpunkt konnte ich das noch nicht auswendig. Es klappte hervorragend, sie ging wunderbar in Hypnose. Dann folgte der Teil mit der Regression. Den Einstieg dazu machte ich gemäß dem Gelernten und auch das funktionierte bestens. In dem Augenblick, als ihre Antworten kamen, das heißt als sie mir das Ereignis beschrieb, das ihr Problem ausgelöst hatte, vergaß ich alle Unterlagen. Sie war voll in der Situation und Tränen flossen. Ich hatte jetzt nur noch das Blatt mit dem schrittweisen Ablauf der Regression und dem gesamten Hypnoseprozess vor mir und folgte ihm.

Wie ich beschrieben habe, ist die ursachenorientierte Hypnose ein sehr individueller Vorgang. Jede Person hat ihre eigene Geschichte und Erlebnisse, die bei der Regression zum Vorschein kommen. Die Arbeit mit dem inneren Kind folgt ebenfalls einem Schema, das genauso individuell angepasst wird.

In dieser ersten Hypnosesitzung lernte ich etwas ganz Wichtiges und Entscheidendes: der Ablauf und die Werkzeuge, die du in einer Ausbildung bekommst, sind hilfreich und wichtig. Aber allein damit wirst du keine gute Hypnotiseurin und kein guter Hypnotiseur. Es reicht nicht, stur dem

Prozess zu folgen oder gar dem Menschen nur einen fertigen Text vorzulesen.

Du kannst deinen Klienten und Klientinnen dann helfen, wenn du auch deine Lebenserfahrung, deine Empathie und sogar deinen logischen Verstand mit einbringst. Statt dem Klienten etwas Vorgefertigtes abzulesen, gehört zu meinen oft verwendeten Fragen, sobald sich der Klient als Kind in einem ISE oder SSE befindet: „was brauchst du in diesem Moment?".

Denn das Wichtigste, was ich gelernt habe, ist immer nur mit dem zu arbeiten, was mir der Mensch, der vor mir in dem Hypnosessel liegt, an Infos oder Ressourcen gibt. Die Lösung des Problems liegt immer im Menschen - nicht darin, wie wir die Situation des Menschen interpretieren und ihn so womöglich eine psychosomatische Schublade stecken.

Früher habe ich gerne über Bedeutungen von psychosomatischen Symptomen gelesen. Da werden immer wiederkehrenden Halsproblemen zum Beispiel Angst oder Gier (Geizkragen) angelastet. Nackenschmerzen kommen ebenfalls von Angst, die einem genau dort sitzt. Menschen, die Fingernägel beißen, trauen sich nicht das Leben in Angriff zu nehmen und die Krallen zu zeigen. Bei Augenproblemen heißt es, was willst du nicht sehen oder wahrhaben? Und bei Nervenproblemen steckt generell ein Kommunikationsthema dahinter. (Quelle: Rüdiger Dahlke: Krankheit als Sprache der Seele)

Diese Deutungen haben ihre Berechtigung, keine Frage. Aber berechtigt uns das, die Menschen deswegen in die entsprechende Schublade zu stecken, oder gar unseren ganzen Therapieprozess danach auszurichten? Nein. Während der Sitzungen mit meinen Klienten und Klientinnen habe ich schon sehr oft erlebt, dass die dahinterliegende Thematik komplett anders gelagert war. Daher gibt es für mich mittlerweile auch keine typischen Mutter- und Vaterthemen mehr. So heißt es stets, dass Frauen, die von Bulimie oder Magersucht betroffen sind, eine dominante und bestimmende Mutter haben, deren Wünsche und Forderungen dem Kind geschadet haben. Auch da hatte ich schon sehr gegenteilige Fälle von Frauen mit Essstörungen, in denen der Vater das damalige Kind emotional malträtiert und die schwache Mutter es zugelassen hat.

Es ist für die Arbeit mit der Ursachen auflösenden Hypnose auch vollkommen egal, welche Bedeutungen, Interpretationen und Meinungen es zu einem bestimmten Problem gibt. Wir zeigen den Menschen, wie sie selber die wahre Ursache ihres Themas, Problems, Blockade, Symptoms oder Krankheit finden und diese mittels ihrer eigenen Ressourcen lösen.

Theoretisch habe ich das schon in der Hypnoseausbildung gelernt. Praktisch erlebte ich es in meiner ersten Sitzung und in jeder einzelnen danach. Du wirst eine gute Hypnotiseurin oder ein guter Hypnotiseur, wenn du die gelernten Methoden und Techniken mit den Ressourcen, die dir die Klientin während der Sitzung gibt, und deinen Fähigkeiten auf Menschen einzugehen kombinierst.

Der Anti-Esoterikeffekt oder warum auch Kopfmenschen gut hypnotisierbar sind

Es gibt viele Menschen, die bei einer Erwähnung von Hypnose gleich mit Aussagen wie „ich bin ein Kopfmensch und bestimmt nicht hypnotisierbar“ oder gar „ich bin sehr rational und stehe nicht auf diesen esoterischen Kram“ abwinken.

Es ist immer wieder spannend, wenn Klientinnen in meine Hypnosepraxis kommen und ziemlich schnell ihre Bedenken äußern. Bedenken, sie seien womöglich nicht hypnotisierbar, weil sie so rational und analytisch sind. Kopfmenschen eben.

Ich nehme es vorneweg: auch diese Klientinnen waren wunderbar zu hypnotisieren. Was viele dieser Menschen nicht wissen oder vollkommen unterschätzen, ist das Verhältnis von Bewusstsein zum Unterbewusstsein, das ich bereits ausführlich beschrieben habe.

Das Unterbewusstsein ist der unsichtbare Kapitän, der den Kurs des Lebens steuert. Und das ist auch bei den so genannten Kopfmenschen so.

Viele rationale, analytische Menschen scheinen Hypnose mit Esoterik oder Humbug in einen Topf zu werfen. Manche glauben nur, was sie sehen oder wissenschaftlich beweisbar ist. Das ist ok, jeder darf seine Meinung haben.

Es ist immer ebenfalls spannend, wenn solche Kopfmenschen dennoch in die Praxis kommen. Sie tun das, weil sie offen sind und nicht mehr weiter wissen. Oft kommen sie auch auf Empfehlung zu mir.

Rationale Menschen, Ingenieure, Wissenschaftler und so weiter kommen immer wieder zu mir, weil ich Wirtschaftsinformatik studiert und lange Jahre in der IT gearbeitet habe. Scheinbar wirke ich auf sie deswegen vertrauenswürdig und unesoterisch. Oft höre ich: „Ich habe schon viel versucht, aber nichts hat geholfen. Jetzt versuche ich es sogar mit Hypnose." Ach, hätte ich für jedes Mal, als ich diese zwei Sätze gehört habe, 10 CHF oder 10 Euro bekommen, dann könnte ich schön in den Urlaub fahren damit.

Und dann geht es weiter: „Ich bin offen für Hypnose, glaube ich aber nicht, dass ich hypnotisierbar bin, weil ich so verkopft bin". Zum einen mache ich dann wie immer ein ausführliches Vorgespräch und kläre die Klienten und Klientinnen auf, was Hypnose ist und was nicht, inklusive des Verhältnisses Bewusstsein versus Unterbewusstsein.

Dann kommt der magische Satz für Kopfmenschen: Du bist intelligent, und intelligente Menschen sind sehr gut hypnotisierbar.

Wer hört nicht gerne, dass er für intelligent gehalten wird? Es stimmt auch, dass intelligente Menschen äußerst gut hypnotisierbar sind. So habe ich den Kopfmenschen versichert, dass meiner Erfahrung nach die Hypnose bei ihnen gut funktionieren wird. Und es ist auch so.

Hier ist ein Beispiel eines Klienten, der glaubte, er sei nicht hypnotisierbar.

Liebeskummer mit besonderem Ausmaß

Die Vorgeschichte

Vor circa zwei Jahren kam der 33-jährige Beat zu mir, der in der Schweizer Botschaft in Brüssel arbeitete und dort lebte. Der dynamische, moderne und sehr gut aussehende Typ erzählte mir, dass er sein Leben lang nie verliebt war und es mit den Frauen immer locker genommen hatte.

Vor einiger Zeit hatte Beat eine Frau kennengelernt, mit der es zuerst so wie mit den anderen Frauen war. Sie war total verliebt in ihn, aber er nahm es nicht ernst. Ein halbes Jahr lang hatten die beiden viel zusammen unternommen und waren sogar im Urlaub. Plötzlich merkte er, dass er sich in sie verliebt hatte. Noch nie hatte er das erlebt!

Genau zu dem Zeitpunkt hatte sie die Hoffnung aufgegeben, dass aus den beiden ein Paar werden könnte und brach den Kontakt komplett ab.

In den folgenden Monaten hatte der Botschafter nicht nur Liebeskummer, sondern massive Schlafstörungen, depressive Verstimmungen und Angstattacken. Interessanterweise traten diese Symptome nur auf, wenn er in Brüssel war. Sobald er in der Schweiz seine Eltern und Freunde besuchte, ging es ihm blendend.

Bei einem dieser Aufenthalte in der Schweiz kam Beat zu mir. Er wäre von selbst niemals zu einer Hypnosetherapeutin gegangen, aber seine Schwester, die eine zufriedene Klientin von mir war, hatte mich empfohlen.

Bisher habe er Hypnose für esoterischen Kram gehalten, meinte er, aber es gehe ihm so schlecht, und er vertraue seiner Schwester. Der Klient gehörte also zu den Menschen, die ich im Kapitel „Der Anti-Esoterikeffekt oder warum auch Kopfmenschen gut hypnotisierbar sind“ beschrieben habe.

Die Hypnosesitzung

Nach dem Vorgespräch starteten wir die Sitzung. Ich machte die Elman Induktion und dann eine Vertiefung, bei der ich Beat gedanklich eine Treppe mit 10 Stufen heruntergehen ließ. Bei 7 lachte er leicht. Bei 6 stärker und bei 5 lachte er noch mehr. Auf meine Frage, warum er lacht, antwortete er, weil es sich so unglaublich anfühlt, wenn er so runtergehe. Der Kopfmensch war also gut hypnotisierbar.

Die ganze Zeit über bemerkte ich keinerlei Emotionen in Beat, weder von der Mimik her, noch an seiner Stimme. Nach einer Stunde waren wir fertig. Es war einer der sehr wenigen Fälle aus meiner Praxis, bei dem keine Kindheitsereignisse dahinter steckten. Es war rein das Trauma, das durch die erste, unerfüllte Liebe entstanden war. Es war vor allem die Vergebungsarbeit, die dem Botschafter half, sich von dem Trauma und der Frau zu lösen.

Zwei Monate später kam eine total begeisterte E-Mail. Beat war seit sechs Wochen zurück in Brüssel, und alle Symptome waren komplett verschwunden. Er war begeistert von der Wirkung der Hypnose, die er alles andere als esoterisch empfunden hatte.

Und genau funktioniert es. Solange ein Mensch überzeugt ist, dass er nicht hypnotisierbar ist, ist das auch so. Gute Aufklärung sorgt dafür, dass diese Bedenken verschwinden. Und spätestens nach der erfolgreichen Hypnosesitzung war auch die Esoterik im Universum verpufft.

Hypnosesitzungen mit Nebenwirkung

Mein Leitsatz war immer: Hypnose ist eine Behandlung ohne Medikamente und Nebenwirkungen. Dann wurde ich eines Besseren belehrt. Hypnose hat Nebenwirkungen, doch werden diese nie auf einem Beipackzettel oder einer Webseite stehen.

Jeder kennt sie, die Beipackzettel von Medikamenten, auch Packungsbeilage oder Patienteninformation genannt. Die für den Verbraucher wichtigen Informationen sind darauf gelistet. Dazu gehören unter anderem der Zweck des Arzneimittels, die korrekte Anwendung und Dosierung, Darreichungsform und Anwendungsgebiete.

Den meisten Platz auf der Packungsbeilage nimmt oft die Auflistung der Nebenwirkungen ein. Nebenwirkungen sind Wirkungen, die bei korrekter Einnahme zusätzlich zur beabsichtigen Hauptwirkung eines Arzneimittels auftreten. Sie werden auch unerwünschte Arzneimittelwirkungen genannt.

Der deutsche Pharmakologe Gustav Kuschinsky (1904–1992) hat mal gesagt: „Wenn behauptet wird, dass eine Substanz keine Nebenwirkung zeigt, so besteht der dringende Verdacht, dass sie auch keine Hauptwirkung hat."

Manchen Menschen machen die möglichen Nebenwirkungen Angst. Ich bin überzeugt, dass schon die Erwartung, es könnten welche auftreten, diese produzieren kann.

Dazu gehört auch der Effekt, dass gehäuft genau diejenigen Nebenwirkungen auftreten, die der Arzt im persönlichen Gespräch nennt. Ein Arzt ist eine Autoritätsperson, und seine Aussagen können als Suggestionen wie Wachhypnose wirken.

Ich denke da an Aussagen wie „In vielen Fällen treten nach längerer Einnahme Magenprobleme auf. Sollten Sie also

Verdauungsprobleme oder Magenschmerzen bekommen, melden Sie sich, und ich verschreibe Ihnen etwas dagegen.“

Kranke Menschen sind teils beeinflussbarer als Gesunde, daher können solche Bemerkungen direkt ins Unterbewusstsein flutschen und sich als Glaubenssatz abspeichern. Und schwupps haben sie die genannten Nebenwirkungen. Es ist also nicht immer nur der Wirkstoff alleine, der die unerwünschten Arzneimittelwirkungen hervorruft.

Medikamente gegen die Nebenwirkungen der Hauptmedikamente sind gang und gäbe. Viele lesen den Beipackzettel bzw. die Nebenwirkungen erst gar nicht, um sich nicht zu beunruhigen. Dieses Nichtwissen kann auch ein Segen sein.

Auch naturheilkundliche Medikamente können Symptome hervorrufen, die wie Nebenwirkungen aussehen. Genau betrachtet sind das meist Unverträglichkeiten auf einen der enthaltenen natürlichen Stoffe oder eine Überdosierung aus dem Glauben heraus, natürliche Mittel würden nicht schaden.

Jede Substanz, die eingenommen wird, hat eine Wirkung! Im besten Fall hat sie die gewünschte Wirkung und das Symptom verschwindet. Im schlechtesten Fall entstehen unerwünschte und belastende Nebenwirkungen. Im neutralen Fall spürt der Patient weder eine Verbesserung noch eine Verschlechterung, was aber nicht heißt, dass die Wirkung Null ist. Sie ist nur nicht spürbar.

Rein logisch gesehen dürften also nach einer Hypnosesitzung keine Nebenwirkungen auftreten, da keinerlei Substanzen verabreicht werden.

Aber was ist, wenn jemand fest daran glaubt, dass Nebenwirkungen auftreten können? Oben hatte ich ja beschrieben, dass schon die Erwartung daran welche produzieren kann. Nun, da kann ich dich, liebe Leserin und lieber Leser, beruhigen. Hypnose hatte noch nie Beipackzettel.

Die Menschen wissen, dass Medikamente Nebenwirkungen haben. Das ist Fakt.

Diese Nebenwirkungen sind nachgewiesen, sie existieren. Auf den Packungsbeilagen stehen sogar ganz klar die Häufigkeitsangaben zum Auftreten der Nebenwirkungen:

„Sehr häufig“ sind Nebenwirkungen, die bei mehr als 10 % der Behandelten auftreten.

„Häufig“ bedeutet, dass sie bei 1 % bis 10 % der Behandelten vorkommen.

„Gelegentliche“ Nebenwirkungen betreffen 0,1 % bis 1 % der Behandelten.

„Selten“ vorkommende Nebenwirkungen betreffen einen von 1000 bis 10.000 der Behandelten.

„Sehr seltene“ Nebenwirkungen kommen nur bei weniger als einem von 10.000 Behandelten vor.

„Nicht bekannt“ bedeutet, dass die Häufigkeit auf der Grundlage der verfügbaren Daten nicht abschätzbar ist.

Zurück zur Hypnose. Da der Klient weder Substanzen einnimmt noch je eine Nebenwirkungsliste für Hypnosesitzungen gesehen hat – weil es keine solche Liste gibt! – erwartet er auch keine Nebenwirkungen. Ohne Substanzen und Erwartung: Es gibt keine Nebenwirkungen.

Manche Menschen fragen mich vor der Sitzung, ob sich ihr Symptom verschlimmern könnte durch die Hypnose. Meine Antwort ist immer ein klares Nein.

Wenn sie nicht erwarten, dass ihr Symptom sich verschlimmern könnte, tut es das auch nicht.

Ich habe auch noch nie eine Rückmeldung eines Klienten oder einer Klientin erhalten, ihr Symptom hätte sich dauerhaft verschlimmert. Damit meine ich Folgendes:

Es ist schon vorgekommen, dass zum Beispiel ein Hautausschlag gleich nach der Sitzung stärker wurde für kurze

Zeit, um dann ganz abzuklingen. Als ob der Körper alles rausgeschafft hat, um dann komplett heilen zu können. Im „schlimmsten" Fall ist nach der Erstsitzung noch keine Veränderung eingetreten. Dann haben wir in einer zweiten oder selten dritten Sitzung weiter an dem Thema gearbeitet.

Meiner Erfahrung nach hat Hypnose keine unerwünschten, negativen Nebenwirkungen. Dennoch hat Hypnose Nebenwirkungen.

Jetzt denkst du vielleicht: »Die Sandra widerspricht sich doch gerade!«

Dann löse ich das Rätsel jetzt endlich auf. Im Laufe meiner Tätigkeit als Hypnosetherapeutin hatte ich immer wieder Klientinnen und Klienten, die mir berichteten, dass sich nach der Hypnosesitzung Symptome aufgelöst haben, die wir gar nicht bearbeitet hatten.

Eine 47-jährige Krankenpflegerin kam z. B. zur Gewichtsreduktion. Nach 2 Sitzungen zu dem Thema war das Schielen auf einem Auge, das sie von Kindheit an hatte, fast verschwunden, obwohl wir das nicht explizit angegangen waren - abgenommen hat sie natürlich auch.

Eine 32-jährige Mutter war ihren kleinen Kindern gegenüber immer wieder aggressiv. Sie fühlte sich schlecht dabei und wollte ruhiger und gelassener reagieren. Nach einer Sitzung hatte sie dieses Ziel erreicht. Nach ein paar Wochen schrieb sie mir, dass sie seither auch keine Kopfschmerzen mehr hatte, die vorher mehrmals pro Woche aufgetreten waren. Die Kopfschmerzen hatten wir nicht in die Hypnosesitzung einbezogen.

Ein 35-jähriger Lastwagenfahrer kam zur Gewichtsreduktion. Er war seiner Aussage nach „süchtig" nach Schokolade. Zwei Monate nach der ersten und einzigen Sitzung berichtete er per E-Mail, dass er seither nichts Süßes mehr gegessen hatte. Interessanterweise war sein Hautausschlag im Nacken, der ihn seit 3 Jahren plagte, ebenfalls komplett abgeheilt.

Hypnose hat positive Nebenwirkungen!

Wir wissen nie, ob die Symptome eines Menschen verschiedene Ursachen haben oder ein und dieselbe. Womöglich kamen die Kopfschmerzen der Mutter vom Stress der Aggressivität. Oder ihnen lag dasselbe ursächliche Ereignis zugrunde, das wir mit Hypnosetherapie aufgelöst hatten.

Vielleicht kam der Hautausschlag des Lastwagenfahrers von dem vielen Zucker. Oder er wurde durch dasselbe Minitrauma ausgelöst, das seine Schokoladensucht verursachte. Jedenfalls freut es ihn sehr, dass er verschwunden ist.

Falls du nun den Einwand hast, eine Hypnose könnte doch bei einer Person zum Beispiel mit Epilepsie einen epileptischen Anfall auslösen, dann ist das ganz klar keine Nebenwirkung.

Ein Mensch mit Rheuma, der seit längerer Zeit Rheumamittel nimmt, kann ein Magengeschwür bekommen, weil das eine bekannte Nebenwirkung solcher Pharmazeutika ist. Rheuma und Magengeschwür sind zwei verschiedene Dinge.

Ein Epileptiker aber, der einen epileptischen Anfall bekommt, hat nur das, was er sowieso schon hatte. Zudem darf man in Deutschland Epilepsie nur behandeln, wenn man die Heilerlaubnis hat. Und dann weiß der Hypnosetherapeut oder die Hypnosetherapeutin, wie sie damit umzugehen hat.

Hypnose kann positive Nebenwirkungen haben. Manchmal verschwinden Symptome, die nicht explizit behandelt wurden.

Ich liebe meine Berufung.

Die unendlich vielen Anwendungsgebiete der Hypnose

Wenn ich neue Leute kennenlerne und sage, dass ich Hypnosetherapeutin bin, kommt oft: „Ach ja, damit kann man mit dem Rauchen aufhören", oder „Ich habe gehört, Hypnose soll beim Abnehmen helfen". Auf meine Rückfrage, was mit Hypnose ihrer Meinung nach noch möglich ist, kommt oft ein Achselzucken oder bestenfalls „psychische Probleme lösen".

Aber die Liste der Anwendungsgebiete ist unendlich groß.

Hypnosetherapie bei psychischen Problemen

Klassische Anwendungsgebiete für Heilpraktiker und Heilpraktikerinnen für Psychotherapie (in Deutschland) sind unter anderem die Behandlung folgender Symptomatiken:

- Ängste und Phobien gehören zu den am weitesten verbreiteten Symptomen, mit denen Klienten in die Hypnosepraxis kommen.
- Depressionen: leichte und mittelschwere Depressionen sind wunderbar mit Hypnose in wenigen Sitzungen lösbar. Bei schweren Depressionen brauchen die Betroffenen mehrere Sitzungen mit guten Resultaten.
- Psychische Störungen und Verhaltensstörungen durch psychotrope Substanzen wie Alkohol, Tabak, Cannabinoide, Opiode, Sedativa oder Hypnotika (das sind Schlafmittel) und durch andere Stimulanzien, einschließlich Koffein, zeigen nach Ursachen auflösender Sitzung deutliche Besserungen, zumal der Entzug der Substanzen mit Hypnose ermöglicht wird. Je nach Substanz kommt Hypnose zusätzlich zum medizinisch begleiteten Entzug zum Einsatz.

- Persönlichkeits- und Verhaltensstörungen wie zum Beispiel Störungen bei der Impulskontrolle können durch Hypnosetherapie ebenfalls gemildert oder ganz gelöst werden.
- Dasselbe gilt für Zwangsstörungen, Zwangsgedanken und Zwangshandlungen.

Spezifische Phobien sind in der Regel sehr schnell und einfach zu lösen, wie du oben im Fall der jungen Frau mit Flugangst lesen konntest. Nun habe ich noch ein Beispiel, wie sich eine 5 Jahre anhaltende Depression einer Mutter nach einer einzigen Sitzung aufgelöst hat.

Depression - darum half Psychotherapie nicht

Die Vorgeschichte

Im Kapitel „Die Ursachen auflösende Hypnose – Regress to Cause & fix it" habe ich die Klientin erwähnt, die Depressionen hatte, seit ihr Mann sie und die Kinder verlassen hatte. Sowohl sie als auch ihr Psychotherapeut gingen davon aus, dass dieses Ereignis die Ursache für die Depression war. Dementsprechend wurde sie fünf Jahre psychotherapeutisch behandelt und nahm Antidepressiva ein.

Ich fragte die 35-jährige zweifache Mutter, ich nenne sie fiktiv Conny, was in der Psychotherapie behandelt worden war. Sie erzählte mir, dass sie und der Therapeut ihre komplette Ehe und das Verhältnis zwischen ihr und ihrem Exmann analysiert hatten. Zudem vermittelte er ihr Bewältigungsstrategien, die aber nicht griffen.

Da sich die Symptome kaum besserten, suchte Conny nach einer alternativen Behandlungsmethode. Über Internetrecherche war sie auf Hypnosetherapie und dann auf mich gestoßen.

Was ist Depression?

Eine Depression ist eine krankhafte psychische Störung, deren Hauptsymptome gedrückte Stimmung, Interesselosigkeit, Freudlosigkeit und Antriebsstörung sind. Depression ist keine Traurigkeit, sondern ein Zustand, in dem die Empfindung aller Gefühle reduziert ist und von Betroffenen mit einem „Gefühl der Gefühllosigkeit" beschrieben wird.

Ohne Behandlung dauert eine einzelne depressive Episode etwa sechs bis acht Monate. Gemäß der Schulmedizin kann die Episodenlänge bei adäquat durchgeführter Therapie auf zwei bis vier Monate reduziert und auch das Ausmaß der Krankheit verringert werden. Adäquat bedeutet in dem Fall Psychotherapie und Psychopharmakotherapie, also die Einnahme von Antidepressiva.

Bei 80 Prozent der Patienten kommt es bei dieser Behandlungsform zu einem Rückfall der depressiven Symptomatik innerhalb von zwei Jahren, etwa 20 Prozent zeigen einen chronischen Verlauf.

Meine Klientin Conny gehörte zu den 20 Prozent, in denen die Depression chronisch wurde. Seit 5 Jahren litt sie nun darunter. Jetzt wollte sie endlich raus aus der Misere.

Der Grund der Depression

Nach nur 5 Minuten war sie schön in Hypnose, und wir begannen mittels Regression mit der Suche nach dem Grund ihrer belastenden Symptomatik. Conny folgte meiner Anleitung dem aktuell depressiven Gefühl zurück zur Ursache. Rund 30 Sekunden später war sie gedanklich und emotional in der ursächlichen Situation, und ich stellte ihr wie immer in der Regression zunächst Orientierungsfragen.

Ich: Ist es Tag oder Nacht?

Conny: Tag

Ich: Bist du drin oder draußen?

Conny: drinnen

Ich: Bist du allein oder ist noch jemand da?

Conny: Meine Eltern sind da

Ich: Wie alt bist du?

Conny: 5 Jahre

Ich: Erzähle, was passiert gerade?

Conny: Meine Eltern streiten, sie schreien sich laut an. Mein Vater brüllt „Mir reicht es, ich lasse mich scheiden." Ich habe furchtbare Angst.

Connys Vater hat die Familie verlassen und sich wie angekündigt scheiden lassen. Für ihre Mutter und das kleine Mädchen war die erste Zeit hart, aber das Leben ging weiter und Conny hatte gemäß ihrer Aussage eine normale Kindheit.

Nachdem wir den wahren Grund für ihre Depression gefunden hatten, neutralisierten wir mittels der Arbeit mit dem inneren Kind die damals entstanden unangenehmen Emotionen und die Angst vollständig. Das war deswegen so wichtig, weil das Unterbewusstsein der 35-jährigen Frau Folgendes gemacht hatte:

Als sie ein Kind war, hat der geliebte Vater die Familie verlassen, was eine seelische Wunde beziehungsweise einen ISE bei Conny hinterlassen hat. Dieser ISE hat aber zunächst keine Symptome verursacht. Das ist nicht ungewöhnlich, darum ist es mit dem logischen Verstand oft nicht nachvollziehbar, woher eine Symptomatik stammt.

Als Erwachsene wurde Conny von ihrem geliebten Ehemann verlassen, was ihr emotional sehr weh tat. Das war ein SSE, also ein Ereignis, das die alte Wunde wieder aufgerissen hat.

Das Unterbewusstsein hat beide Situationen in Verbindung gebracht, weil jeweils ein geliebter Mann die Familie verlassen hat. Das erste Mal hatte Conny diesen Verlust ohne Symptome überstanden, das zweite Mal nicht mehr. Deswegen war es so wichtig, im Unterbewusstsein die Angst und Enttäuschung, die sie als Kind gespürt hatte, zu neutralisieren.

Die langjährige Psychotherapie konnte der sympathischen Klientin nicht helfen, weil die ganze Zeit am Auslöser statt an der Ursache herumgedoktert wurde.

Conny war nur einmal bei mir, und danach verschwand die Depression im Laufe der folgenden vier Wochen. Die alte seelische Wunde konnte nach der Sitzung anfangen zu heilen. Wie lange solch ein Heilungsprozess dauert, kann ich nie vorhersagen, schließlich bin ich Hypnosetherapeutin und keine Hellseherin.

Bei manchen Klienten und Klientinnen geht es erstaunlich schnell, innerhalb weniger Tage sind chronische Symptome verschwunden, bei anderen dauert es etwas länger. Aber das ist in Ordnung, jede Seele heilt in der für sie richtigen Geschwindigkeit.

Noch nie hat sich ein Mensch, der jahrelang unter einem Symptom gelitten hatte, beschwert, dass er erst in zwei Wochen statt in zwei Tagen beschwerdefrei war. Denn während dem Heilungsprozess merken diese Menschen, wie es ihnen dank der Hypnose von Tag zu Tag besser geht.

Ebenfalls in den psychischen Themenkreis gehören Zwangshandlungen. Der folgende Fall zeigt schön, wie die sich ständig verschlimmernden Zwangshandlungen einer Klientin nach einer Sitzung regelrecht in Luft aufgelöst wurden.

Zwangsstörung in einer Hypnosesitzung beseitigt

Die Vorgeschichte

Die Ehe der 39-jährigen Büroangestellten, ich nenne sie Dora, war wegen der immer stärker werdenden Zwänge am Bröckeln. Die Frau hatte Angst um ihr Familienleben. Nach einer gut einstündigen Hypnosesitzung waren die Zwänge weg.

Als ich Dora fragte, warum sie zu mir gekommen sei, fiel ihr die Antwort zuerst schwer. Dann erzählte sie Folgendes:

Sie liebt ihren Mann. Aber immer, wenn er Sex möchte – und sie auch – muss sie zwanghaft zuerst die Decken schön hinlegen, noch im Schlafzimmer aufräumen, in der Küche was aufräumen und viele weitere Dinge im Haushalt erledigen. Für sie war das wie ein unbedingt notwendiges Ritual, das sie vor dem Sex ausüben musste, sonst konnte sie ihn nicht vollziehen.

Zuerst dauerten die zwanghaften Tätigkeiten ein paar Minuten, dann mit der Zeit bis zu einer halben Stunde und mehr. Bis dahin hatte ihr Mann keine Lust mehr. So litt das Sexleben immer mehr, und der Mann zog sich zurück.

Dann dehnte sich das Zwangsverhalten auch auf ihre beiden Kinder aus. Dora musste immer genau wissen, was sie machten. Daher unternahm sie mit ihren Freundinnen nichts mehr. Denn in dieser Zeit hatte sie die Kinder nicht unter Kontrolle.

Einmal ging sie in ein Konzert. Sie konnte es aber nicht genießen, weil sie ununterbrochen an die Kinder dachte. Was wenn sie jetzt etwas Ungesundes aßen statt der von ihr vorbereiteten Speisen? Die Kinder fühlten sich durch den Kontrollzwang ihrer Mutter immer mehr unter Druck gesetzt und verhielten sich auffällig.

Das war der Zeitpunkt, als sie zu mir zur Hypnosetherapie kam.

Dora hatte sich etliche Gedanken gemacht, warum das zwanghafte Verhalten entstanden sein konnte. Sie gab mir folgende Erklärung:

Ihre Mutter war schon immer sehr bibelgläubig und las täglich in dem Buch. Als deren Tochter heranwuchs, bläute sie ihr ein, dass Sex nur dazu da sei, Kinder zu zeugen. Einer Frau mache Sex keinen Spaß, es sei eine Pflicht gegenüber dem Ehemann.

Dennoch hatte die Klientin jahrelang ein schönes Sexualleben mit ihrem Mann. Bis es dann langsam anfing mit den zwanghaften Ritualen.

Der wahre Grund der Zwangsstörung

In wenigen Minuten war Dora im idealen hypnotischen Zustand. Über das zwanghafte Gefühl brachte ich sie innerhalb einer Minute zurück zur wahren ursächlichen Situation:

Sie war 16 Jahre alt und half ihren Eltern in deren Krämerladen. Es war Nachmittag und die Schule für diesen Tag zu Ende.

Dora räumte gerade Ware in ein Regal ein, da kam ein Kunde um die Ecke. Nach ein paar Sekunden ging der Mann auf sie zu. Er sagte nichts, kam näher und näher. Plötzlich strecke er mit lüsternem Blick seine Hände in Richtung ihrer Brüste. Sie wich zurück und stand mit dem Rücken an das Regal gelehnt. Sie erstarrte vor Angst und konnte daher nicht weglaufen.

Kurz bevor er sie berührte, waren näherkommende Schritte hörbar. Der Mann drehte sich um und ging weg von ihr. Gerade rechtzeitig, bevor ihr Vater um die Ecke bog. Er bemerkte nichts. Zitternd räumte sie weiter das Regal ein. Ihren Eltern sagte sie nichts davon. Und bald dachte sie nicht mehr an dieses Ereignis.

Doras Unterbewusstsein hatte es jedoch nicht vergessen.

Unser Unterbewusstsein produziert Symptome nicht immer unmittelbar nachdem etwas passiert. Manchmal schlummert das belastende Ereignis Jahre oder gar Jahrzehnte lang in unserem großen Gehirnspeicher.

Was der Auslöser dafür war, dass das Unterbewusstsein nach so vielen Jahren das zwanghafte Verhalten produziert hat, weiß ich nicht. Es ist auch nicht wichtig.

Nachdem ich Dora gezeigt hatte, wie sie selber diese Situation in ihrem Unterbewusstsein neutralisieren konnte, war es ihr nicht mehr möglich, das Zwangsgefühl in der Hypnose zu produzieren. Ich habe sie dann gedanklich in die Zukunft geschickt und sich vorstellen lassen, ihr Mann signalisiert ihr sexuelle Absicht.

Sie konnte sich ohne Zögern und belastende Rituale darauf einlassen und hatte viel Spaß dabei. Auch ihre Kinder konnte sie wieder „laufen lassen".

Dora nahm ein paar meiner Visitenkarten mit, bevor sie ging.

Die Behandlung der Zwangsstörung war erfolgreich

Zunächst hörte ich nichts von Dora. Nach ein paar Wochen kam eine neue Klientin, die mir sagte, Dora habe mich empfohlen. Das zwanghafte Verhalten war seit der Kurzzeitintervention Hypnose komplett verschwunden. Dora war glücklich!

In der kommenden Zeit schickte mir die Büroangestellte weitere Klientinnen. Alle berichteten mir, dass es Dora wunderbar geht.

Sie selbst meldete sich ca. 6 Monate nach ihrer Sitzung und versicherte mir, dass jegliche Zwangshandlungen komplett verschwunden sind und bat mich, ihr nochmals Visitenkarten schicken, damit sie mich weiterhin empfehlen kann. Was ich sehr gerne gemacht habe.

Ich behaupte nicht, dass eine Zwangsstörung in allen Fällen so schnell beseitigt ist. Es kann sein, dass es mehrere Sitzungen braucht, auch in Zusammenarbeit mit herkömmlichen Therapiemethoden. Aber mit Hypnose können Zwänge wie auch Phobien und Ängste oft erstaunlich schnell gelöst werden.

Hypnosetherapie bei psychosomatischen Symptomen

Viele Menschen, mit denen ich spreche, können gar nicht glauben, dass Hypnose auch bei körperlichen Krankheiten und Symptomen helfen kann.

Sie denken, wenn wir mit dem Geist, also mit dem Unterbewusstsein arbeiten, können wir nur den geistigen Zustand verändern. Aber das ist komplett falsch! Wir Menschen bestehen aus Körper, Geist und Seele. Nichts davon steht für sich alleine, alles ist miteinander verbunden. Jeder Teil beeinflusst die anderen.

Am leichtesten wird es verständlich, wenn wir die **Psychosomatik** betrachten.

Gemäß dem DocCheck Flexikon, einem offenen medizinischen Online-Lexikon, bezieht sich die Lehre der Psychosomatik auf den Zusammenhang zwischen somatischen (körperlichen) Störungen, Symptomen oder Krankheitsbildern und der Psyche. Es besteht die Annahme, dass die Psyche starken Einfluss auf den Verlauf von verschiedenen Krankheitsbildern hat, manche sogar erst hervorrufen kann.

Das ist sehr zurückhaltend formuliert. Die Wahrheit ist: Die Psyche, d. h. seelisch-emotionale Wunden aus der Vergangenheit rufen Symptome hervor, für die es zum Teil schulmedizinisch nicht einmal einen Befund gibt.

Betroffene Menschen haben Kopf- oder Rückenschmerzen, einen Reizdarm oder Reizmagen, fühlen sich chronisch müde oder haben andere Beschwerden. Aber die Blutwerte sind in Ordnung, Ultraschall, Magen- und Darmspiegelung, CT, MRI und so weiter zeigen keinerlei Auffälligkeiten.

Die wenigsten Menschen wissen, dass belastende Emotionen chronische Schmerzen und sogar Herzrhythmusstörungen oder Herzinfarktsymptome auslösen können. Das sind dann die Situationen, in denen die Patienten vom Arzt zu hören bekommen: „Wir haben nichts gefunden, Sie sind organisch vollkommen gesund. Bitte machen Sie eine Psychotherapie."

Psychotherapie ist aber in den meisten Fällen langwierig und kostet Zeit und Geduld. Das Ergebnis lässt auf sich warten, und die Betroffenen leiden in dieser Zeit weiter.

In diesen Fällen führt ursachenorientierte Hypnose in der Regel in ein bis zwei Sitzungen dazu, die psychischen Ursachen der Symptome, die im Unterbewusstsein gespeichert sind, zu finden und aufzulösen.

Oft ist den Menschen diese Ursache nicht bewusst. Manchmal haben die Betroffenen eine Vermutung, was die Ursache sein könnte und manchmal stimmt das sogar, aber nur allein mit dieser Erkenntnis verschwindet das Symptom nicht.

Wird das ursächliche Ereignis, das in den allermeisten Fällen bereits in der Kindheit entstanden ist, durch die Arbeit mit dem inneren Kind gelöst, hat das Unterbewusstsein keinen Grund mehr, das Symptom zu produzieren.

In sehr wenigen Fällen, das heißt bezogen auf meine Praxistätigkeit bei circa. 2 %, liegt die ursächliche Situation im Erwachsenenalter. Wie bei einer Rettungsschwimmerin, die mich wegen unerklärlicher Darmbeschwerden aufsuchte.

Reizdarm führte fast zum Jobverlust

Die Vorgeschichte

Die äußerst sympathische und zurückhaltende Rettungsschwimmerin, die ich Fabia nenne, kam mit einem ängstlichen Gesichtsausdruck in die Praxis. Sie erzählte mir, dass sie mit massiven Darmproblemen kämpfe und sie das sehr in ihrer beruflichen Tätigkeit belaste. Sie arbeitet zu 80 % in einem Schwimmbad, wo sie die Aufsicht während des Badebetriebs hat. Im Winter drinnen, im Sommer auch draußen im Freibadbereich.

Vor rund drei Jahren begannen ihre Symptome. Sobald sie die Schwimmenden aufmerksam beobachtete, begann ihr Bauch sich schmerzhaft zusammenzuziehen. Mit der Zeit kam ein Blähbauch hinzu, schließlich das dauernde Gefühl, sie müsse auf die Toilette und den Darm entleeren. Das war unabhängig davon, was sie gegessen oder getrunken hatte. Nach etlichen Wochen fiel Fabia auf, dass die Symptome bereits einsetzten, als sie auf dem Weg ins Schwimmbad war. Die Symptome gipfelten darin, dass akuter Durchfall auftrat, wenn sie Badende beobachtete, die sich unvorsichtig verhielten und es danach aussah, dass der Einsatz der Badeaufsicht gebraucht werden könnte. Dann rannte sie auf die Toilette und hatte dabei furchtbar Angst, dass sich ein Badegast verletzten oder untergehen könnte, während sie weg war.

Nun hatte Fabia Angst, ihren Job zu verlieren. Das war der Zeitpunkt, als sie zum Hausarzt ging. Er konnte nichts feststellen und schickte sie zum Gastroenterologen. Dieser führte eine Darmspiegelung durch, ließ ihr Blut untersuchen und checkte sie komplett durch. Ohne Befund. Dann riet ihr der Darmspezialist zu einer Psychotherapie. Da Fabia das Gefühl hatte, nicht gaga zu sein - so ihre eigenen Worte - lehnte sie eine Psychotherapie ab, suchte nach einer Alternative und fand mich über das Internet.

Darum produzierte Fabias Darm die Reizsymptomatik

Nach der Anamnese und meinen Erklärungen über die Hypnose und unser gemeinsames Vorgehen war Fabias Vertrauen in mich groß genug, dass sie wunderbar in Hypnose ging. Es stellte sich heraus, dass die belastende Emotion hinter den Reizdarmsymptomen Hilflosigkeit war.

Das Ereignis, das diese Hilflosigkeit ausgelöst hatte, war ein Autounfall, zu dem sie vor über drei Jahren als Erste gestoßen war. Fabia bemerkte in der Dämmerung, dass ein Auto eine Leitplanke durchbrochen hatte und die dahinter liegende Böschung runtergerutscht war. Pflichtbewusst hielt sie an, rief den Rettungswagen und schaute dann nach dem Fahrer des verunglückten Wagens. Was sie sah, ließ ihr das „Blut in den Adern gefrieren", wie sie sich ausdrückte. Das Auto war vorne stark beschädigt und eingedrückt. Irgendeine Metallstange hatte sich dabei von außen durch das Auto gebohrt, direkt in den Bauch des Fahrers, der bewusstlos und stark blutend im Sicherheitsgurt hing.

Fabia konnte nichts machen und wartete einfach, bis der Rettungswagen und die Polizei da waren. Nachdem die Formalitäten erledigt waren, fuhr sie nach Hause. Zwei Tage später las sie in den Lokalnachrichten, dass der Fahrer die starken Verletzungen nicht überlebt hatte.

Diese Infos bekam ich alle während der Hypnose. Die Überprüfung ergab, dass es wirklich das ursächliche Ereignis war. Sie war zu dem Zeitpunkt 27 Jahre.

Was war also passiert? Fabia fühlte sich in der Situation am Unfallort derart hilflos, dass ihr Unterbewusstsein diese Emotion nicht verarbeiten konnte. Jedes Mal, wenn es nun im Schwimmbad auch nur ansatzweise danach aussah, dass ein Badegast in Schwierigkeiten kommen könnte und sie dann helfen müsste, überreagierte ihr System in Form des Reizdarms. Dabei steigerte sich die Symptomatik mit der Zeit bis zum mehrfachen, wässrigen Durchfall. Unterbewusst hatte sie Angst, sogar im wahrsten Sinne des Wortes Schiss, dass sie wieder nicht helfen könnte.

Wir lösten das unverarbeitete Ereignis im Unterbewusstsein auf, so dass die emotionale Wunde anfangen konnte zu heilen. Drei Wochen später rief Fabia mich übersprudelnd an und berichtete mir begeistert, dass sich die Symptome nach der Sitzung ganz schnell gelegt haben und jetzt ganz vorbei sind. Sogar bei einem Rettungseinsatz vor ein paar Stunden, als ein Kind am Beckenrand ausrutschte und ins Wasser fiel, blieb ihr Darm ruhig, und sie konnte dem Kind schnell und professionell helfen.

Das ist ein typischer Fall von psychosomatischen Beschwerden, wie er in der Hypnosepraxis oft vorkommt. Wir können hier ohne Medikamente und langwierige Verfahren schnell und nachhaltig helfen.

Hypnosetherapie bei diagnostizierten körperlichen Krankheiten

Auch bei Krankheiten, die schulmedizinisch diagnostiziert wurden und somit einen Namen haben, hilft die Ursachen auflösende Hypnosetherapie.

Zu diesen Krankheiten gehören unter vielen anderen Tinnitus, chronisch entzündliche Darmerkrankungen, alle Arten von Allergien (Heuschnupfen, Hausstaub, Tierhaare etc.), alle Hauterkrankungen (Neurodermitis, Psoriasis etc.) bis hin zu Multipler Sklerose und Krebs. Einige dieser Krankheiten sind multifaktoriell, und ein einflussreicher Faktor ist eine leidende Psyche.

Gemäß der Schulmedizin ist die Ursache der meisten chronischen Krankheiten idiopathisch, das bedeutet ohne bekannte Ursache. Das liegt daran, dass die klassische Medizin den Menschen sozusagen geteilt hat:

Psychiater und Psychologen kümmern sich um die Psyche. Gastroenterologen behandeln unser Verdauungssystem. Kardiologen checken unser Herz. Bei den Neurologen ist alles Nervensache. Und so weiter. Für jedes Körper- oder Organsystem gibt es Spezialisten, und die Hausärzte sind körperliche Allrounder, die uns bei akuten Wehwehchen ein Rezept für Tabletten & Co. ausstellen.

Dem Unterbewusstsein und der Psyche ist es egal, ob wir dem Krankheitsgeschehen einen Namen geben können oder nicht. Leidet die Psyche oder vielmehr hat sie in unserer Kindheit gelitten, können allerlei körperliche Beschwerden, Symptome und Krankheiten entstehen.

Natürlich erzähle ich da kein Geheimnis, und ich habe die Verbindung und wechselseitige Wirkung zwischen Psyche, Geist und Körper nicht als Erste entdeckt. Was heute Allgemeinwissen sein sollte, ist jedoch vielen Menschen immer noch nicht bekannt. Und ein großer Teil der Medizin ignoriert dieses Wissen!

Es scheint ihnen eben einfacher zu fallen, sich nur um ihr Gärtchen zu kümmern, statt über den Zaun zu blicken und das riesengroße Feld drumherum mit einzubeziehen.

Ich habe viele Klientinnen in meiner Praxis, die mit einer derartigen Diagnose kommen. Teilweise sind sie schulmedizinisch austherapiert und suchen verzweifelt nach einer Behandlungsform, die ihnen hilft, die Lebensqualität zu verbessern.

Wie Hypnosetherapie auch bei körperlichen Symptomen wunderbar helfen kann, zeigt der Fall einer Frau, die 5 Jahre lang unter Neurodermitis litt und die Schübe nur mit Kortisonsalbe eindämmen konnte.

Neurodermitis nach 5 Jahren vorbei

Die Vorgeschichte

Die 45-jährige Bankangestellte, die ich fiktiv Gerti nenne, hatte seit fünf Jahren Neurodermitis. Es begann, als ihre erwachsene Tochter starke chronische Kopfschmerzen hatte. Die Klientin machte sich damals große Sorgen und Vorwürfe, dass sie etwas falsch gemacht habe im Umgang mit ihrer Tochter.

Gerti erzählte, dass sie als Kind ihrer dominanten Mutter nichts recht machen konnte. Die Mutter hatte oft Migräne und lag bei den Anfällen immer im Bett. Der Vater sagte seiner Tochter dann, sie sei schuld, dass ihre Mutter Migräne hat. So war sie sensibilisiert auf die Thematik Kopfschmerzen.

Gerti hatte bereits etliches gegen die Neurodermitis unternommen: Zuerst wurde sie von Hautarzt klassisch behandelt. Sie verwendete antiseptische Waschlotionen und rückfettende Pflegeprodukte. Kam es zu einem Schub, trug sie Kortisonsalbe auf die unerträglich juckenden Hautstellen auf.

Als sich keine nachhaltige Verbesserung zeigte, testete sie Homöopathie, Reiki und andere alternative Methoden. Sie hatte damit kurzzeitige Erfolge erzielt, aber nichts half dauerhaft. Im Winter waren ihre Beschwerden typischerweise stärker als im Sommer. Dabei wünschte sie sich sehr, dass ihre Haut abheilen würde und sie sich befreit und unbeschwert fühlen könnte.

Die Therapie

Bei der Regression ist es immer wichtig, die Emotion zu finden, die hinter den körperlichen Beschwerden steht. Bei Gerti war es große Trauer. Über dieses Gefühl der Trauer gingen wir in der Zeit zurück und sie landete direkt als Fötus im Mutterleib. Ihr war ganz heiß, sie spürte die Hände ihrer

Mutter auf dem Bauch und hörte ihre Stimme. Die Mutter war enttäuscht, weil sie erfahren hatte, dass sie ein Mädchen bekommt. Dabei wollte sie gerne einen Sohn. Das winzige Baby im Bauch spürte die Enttäuschung der Mutter und fühlte sich nicht gut genug.

Um zu verstehen, was diese Situation nun mit den Beschwerden der Klientin zu tun hatte, gehe ich kurz auf die offizielle Definition von Neurodermitis ein.

Definition Neurodermitis

Neurodermitis ist eine entzündliche, chronische Hauterkrankung und basiert schulmedizinisch gesehen auf einer erblichen Veranlagung.

Neurodermitis tritt schubweise vor allem im Säuglingsalter auf. Bei 60 % der Betroffenen beginnt die Hauterkrankung im ersten und bei 85 % bis zum fünften Lebensjahr. Erwachsene sind fast immer schubfrei.

Die Ursachen für Neurodermitis sind aus Sicht der Schulmedizin vielfältig. Neben der genetischen Veranlagung wird die Krankheit durch eine verminderte Hautbarriere, veränderte Immunantworten und Umweltfaktoren beeinflusst. Die Schulmedizin geht davon aus, dass psychische Faktoren und Umwelteinflüsse den Ausbruch der Krankheit provozieren. Äußere Faktoren sind zum Beispiel Allergene, das Klima und die Ernährung. Die psychische Verfassung spielt beim Auftreten und Verlauf eine entscheidende Rolle, sie kann eine Neurodermitis verbessern oder verschlechtern.

Bei Erwachsenen finden sich die Hautveränderungen mit Juckreiz meist in den Ell- und Kniebeugen. Auch Gesicht, Hals und Handgelenke können betroffen sein.

Warum die Haut auf seelische Probleme so heftig reagiert, hängt mit unserer Entwicklungsgeschichte zusammen, denn die Haut entwickelt sich aus demselben Keimblatt wie das Gehirn und das Nervensystem. Außerdem sie stellt die

Grenze und die Verbindung zu unserem Umfeld dar. Insbesondere in der ersten Lebensphase kommt der Mutter daher eine besondere Bedeutung zu, denn im frühen Säuglingsalter ist Körperkontakt genau so wichtig wie Nahrung.

Fehlt der Körperkontakt, können Kinder krank werden oder im schlimmsten Fall sogar sterben, so z. B. Waisenkinder, die in einer sehr berührungsarmen Umgebung aufwachsen. In der psychologischen Entwicklung des Menschen ist diese Phase für seine spätere Persönlichkeitsentwicklung von entscheidender Bedeutung.

Neurodermitis heilte

Wie dieser Fall zeigt, brauchen Kinder bereits im Mutterleib Zuneigung und Liebe. Aber auch nach der Geburt fehlten Gerti diese wunderschönen und notwendigen Gefühle. Die Situation im Mutterleib war die Ursache, also der ISE. Die Situation vor fünf Jahren mit ihrer eigenen Tochter war dann der Auslöser.

Bei der Arbeit mit dem inneren Kind bekam das Baby im Mutterleib ganz viel Zuneigung und Liebe von der erwachsenen Klientin, also von sich selbst. Dadurch fühlte sich das Baby nicht nur geliebt, sondern auch als Mädchen willkommen.

Danach kam der nächste wichtige Baustein der Therapie: Die Vergebungsarbeit. Die Klientin vergab ihrer Mutter, aber auch ihrer damals besten Freundin Susanne, die sich zurückgezogen und ihr in der schwierigen Situation mit der Tochter nicht geholfen hatte. Und wie immer als Abschluss der Vergebungsarbeit vergab die Klientin sich selbst.

Damit waren wir aber noch nicht fertig. Ich suggerierte Gerti, wie vor der Hypnose mit ihr besprochen und abgestimmt, dass ihre Haut mit jedem Tag, der vergeht, immer mehr und mehr abheilt, so dass sie sich mit jedem Tag befreiter und unbeschwerter fühlt. Sie stellte sich dabei diesen

Heilungsprozess so gut wie möglich vor, und es fühlte sich wunderbar an für sie.

Bevor wir die Hypnosesitzung beendeten, bat ich sie sich vorzustellen, dass sie unter einer Dusche mit heilendem und pflegendem Wasser steht. Ich ließ sie in Gedanken mit diesem heilenden Wasser so lange duschen, bis sie das Gefühl hatte, dass es ausreicht.

Drei Monate nach dieser einen Sitzung bekam ich eine E-Mail von Gerti. Sie schrieb mir, dass ihre Haut sehr schön abgeheilt ist. Diese Tatsache war besonders erfreulich, weil sie damals im Dezember bei mir war und die Neurodermitis im Winter abgeheilt war, obwohl die Hautbeschwerden im Winter immer wesentlich stärker waren als im Sommer.

Wir dürfen nie unterschätzen, wie sehr die Psyche unseren Körper beeinflusst. Daher eignet sich Hypnosetherapie sehr gut, um auch körperliche Krankheiten und Beschwerden zu behandeln.

Kinderhypnose

Ah, was gibt es Schöneres, als wenn leidende Kinder offene Eltern haben, die sie zur Hypnosetherapie bringen! Wenn ein Kind die Möglichkeit bekommt, seinen Seelenmüll schon in jungen Jahren loszuwerden, braucht es ihn nicht jahrelang oder gar jahrzehntelang mitzuschleppen und später mal mühsam und langwierig bei Ärztinnen oder Psychiatern zu therapieren.

Ich habe etliche Kolleginnen und Kollegen, die sich auf Kinderhypnose spezialisiert haben. Je nach Entwicklungsstand sind viele Kinder ab dem 5. Lebensjahr bestens hypnotisierbar, manche sogar schon vorher. Sie sind allgemein einfach zu hypnotisieren, weil wir ihre noch vorhandene Fantasie nutzen. Außerdem haben sie keine Angst und keine falschen Vorstellungen von Hypnosetherapie.

Die Arbeit mit Kindern macht besonders viel Freude, da bei ihnen rasch Fortschritte spür- und sichtbar werden. Kinder gehen die oft ernsten Themen gerne auch spielerisch an.

Kinder und Jugendliche haben es heute wirklich nicht leicht. Konstante Reizüberflutung, hohe Erwartungen und verschiedene Konflikte im Umfeld machen jungen Menschen zu schaffen. In fast jeder Klasse gibt es Schüler und Schülerinnen, die an Konzentrations- oder Lernproblemen, Mathematikblockaden, Prüfungsangst oder Mobbing leiden. Diesen Kindern werden häufig Medikamente verabreicht oder sie gehen jahrelang zur Therapie.

Typische und gut behandelbare Themen bei Kindern sind Bettnässen, Schlafstörungen, Phobien und Ängste (Zahnärzte, Spritzen, Tiere, Verlust- oder Trennungsangst etc.), Schulprobleme, Konzentrations- und Lernschwierigkeiten, aber auch körperliche Symptome und Krankheiten wie oben beschrieben. Das Potential, jungen Menschen mit Hypnosetherapie zu helfen, ist riesig.

Sporthypnose

Neben den vielzähligen therapeutischen Themen ist die Sporthypnose ein großes Anwendungsgebiet. Schauen wir mal in diesen speziellen Bereich des Coachings hinein.

Immer öfter greifen Spitzensportler auf Hypnose zurück, statt oder als Ergänzung zu Mental Coaching. Mit Sporthypnose können Sportlerinnen und Sportler in sehr kurzer Zeit sehr viel erreichen, egal ob im Einzel- oder Teamsport.

Hypnose wird bei Sportlerinnen eingesetzt, um die körperliche Leistungsfähigkeit und Ausdauer zu steigern, Körpergefühl, Körperkontrolle, Bewegungsabläufe zu verbessern und automatisieren, zum Eliminieren von Lampenfieber, zur besseren Erholung nach Trainings oder Wettkämpfen und um Angst vor Misserfolg und Erfolg (ja, auch die gibt es!) zu lösen.

Das ist nur ein winziger Auszug dessen, was mit Hypnose im Sportbereich möglich ist. Für Mentalcoaches ist Hypnose eine ideale Ergänzung zu ihrer Tätigkeit.

Ich erinnere mich noch gut an Eva, die bisher sehr unsportlich unterwegs war und mit Ende 30 plötzlich am Roller Derby Gefallen gefunden hatte. Das ist ein Vollkontaktsport mit Rollschuhen, der mehrheitlich von Frauen ausgeübt wird. Nach einigen Monaten Training sollte ihr Team im Wettkampf gegen eine ausländische Equipe antreten, die schon etliche Derbys gewonnen hatte.

Bei den beiden Vorspielen, die als Generalproben galten, war Eva nicht nur nervös, sondern bekam Panikattacken, sobald sie auf die Derbybahn musste. Sie war fest eingeplant im Wettkampf und wollte ihre Teammitglieder nicht im Stich lassen.

Wenige Tage vor dem Derby kam Eva zu mir. Es war eine kurze Sitzung, die mit Vorbesprechung und der Hypnose nur knapp zwei Stunden dauerte. Nach dem Derby berichtete sie erleichtert, dass sie zwar respektvoll nervös war, als sie an der Reihe war, aber keine Panik hatte. Sie freute sich auf weitere Wettkämpfe.

Hypnose beim Zahnarzt

Angst vor dem Zahnarzt oder genauer vor der Behandlung kann weitreichende Folgen haben. Das geht so weit, dass manche Menschen wegen dieser Angst seit Jahren nicht mehr beim Zahnarzt waren und sich der Zustand ihrer Zähne mehr und mehr verschlechtert. Manchmal bleibt nichts anderes übrig, als die Behandlung in Vollnarkose durchzuführen. Wenn eine Behandlung mehrere Termine erforderlich macht, ist nebst dem hohen Aufwand die mehrfache

Vollnarkose eine große Belastung für den Organismus und das Gehirn des Patienten.

Die Angst vor dem Zahnarzt wird in der Regel nicht bei einer Behandlung in der Zahnarztpraxis gelöst. Das kann die Hypnosetherapeutin oder der Hypnosetherapeut vor dem zahnärztlichen Termin machen. Das Gute daran ist, dass wir die Klientinnen und Klienten nicht zum Zahnarzt begleiten müssen.

Ein in Hypnose ausgebildeter Zahnarzt oder Zahnärztin können den Patienten und Patientinnen eine ganze Reihe an Vorteilen bieten. Sobald die Behandlung in Hypnose durchgeführt wird, benötigen sie in vielen Fällen keine Schmerzspritze, denn die Schmerzempfindlichkeit ist im hypnotischen Zustand stark reduziert. Davon profitieren vor allem Menschen mit einer Spritzenphobie. Wobei natürlich auch die Angst vor Spritzen mit Hypnose aufgelöst werden kann.

Mit Hypnose werden weiterhin Speichelfluss und Blutungen reduziert, der Würgereflex unterdrückt und der Heilungsprozess nach der Behandlung ist beschleunigt. Auch die Anzahl von Entzündungen und Komplikationen nach dem Eingriff geht zurück.

Schlussendlich haben die Patientinnen und Patienten das Gefühl, dass die Dauer der Behandlung wesentlich kürzer ist als sie real dauert und die komplette Sitzung wird angenehmer.

Ich habe mir nie mehr eine Spritze geben lassen beim Zahnarzt, seit ich Selbsthypnose kann, die ich als fixen Bestandteil der Hypnoseausbildung gelernt habe (und jetzt lehre). Ich schalte bei Beginn der Behandlung einfach meinen Lichtschalter aus, das ist ein Anker, der mich schnell und tief in die Hypnose bringt. Dadurch ist meine Schmerzempfindlichkeit automatisch heruntergefahren. Zudem treten die oben beschriebenen positiven Effekte ein.

Einmal musste einer meiner Schneidezähne aufgebohrt werden. Er wurde vor rund 17 Jahren wurzelbehandelt, und ich bekam zur Stabilisierung des Zahns einen Metallstift eingesetzt. Mit der Zeit begann sich der Zahn dunkel zu verfärben, was mich störte. Also wurde von hinten die alte Füllung rausgebohrt, ein Bleichmittel reingespritzt und der Zahn dann wieder verschlossen. Laut meiner Zahnärztin ein schmerzhaftes Verfahren.

Sie war nicht erfreut, als ich die örtliche Betäubung ablehnte. Meine Erklärung, dass ich Selbsthypnose zur Schmerzreduktion benutze, stimmte sie skeptisch, sie ließ sich aber darauf ein. Die komplette Prozedur machte mir nichts aus. Ich spürte mal zwischendurch ein leichtes Ziehen, aber es schmerzte nicht.

Da ich ihre Anweisungen wie „Mund weiter auf“ oder „Kopf etwas mehr zur Seite“ mitbekam, konnte sie problemlos arbeiten. Das einzig Nervige waren ihre dauernden Fragen, ob ich es denn aushalte, da ich schlecht antworten konnte mit den Geräten im Mund. Nach der Behandlung war das ganze Team positiv überrascht, und ich fühlte mich sehr wohl. Ich genoss es, keine taube Wange zu haben von der örtlichen Betäubung und nach der Behandlung Wasser zu trinken, ohne mich vollzusabbern. Hypnose ist toll!

Hypnose bei nicht-organischen Sexualstörungen

Kommen wir zu einem Tabuthema, den Sexualstörungen. Erektionsprobleme, Lustlosigkeit, Sexsucht oder anormale sexuelle Neigungen kommen häufiger vor als gedacht. Nicht alle, die sexuelle Probleme haben, gehen damit zu einem Arzt oder einer Ärztin.

Sexuelle Störungen können organisch oder nicht-organisch bedingt sein. Mit Hypnosetherapie können nicht–

organische sexuelle Probleme mit sehr gutem Erfolg behandelt werden. Nicht-organisch bedeutet, dass keine körperliche Krankheit die Ursache für das sexuelle Problem ist.

Folgende sexuelle Probleme sind erfahrungsgemäß mit Hypnose in wenigen Sitzungen lösbar: Erektionsstörungen und Erektionsprobleme bei Männern. Hier stecken oft Ereignisse aus der Kindheit und Jugend dahinter, z. B. wenn der Junge einen sehr dominanten Vater hatte oder in seiner erwachenden Männlichkeit stets niedergemacht wurde.

Lustlosigkeit, Libidomangel beziehungsweise Libidoverlust sind ebenfalls weit verbreitet. „Libido“ bedeutet Lust auf Sex. Sie bezeichnet unser sexuelles Verlangen. Ein Verlust der Libido ist der westlichen Welt die häufigste sexuelle Störung bei Frauen. Sie wird auch Frigidität oder frigide sein genannt. Aber sie kommt auch bei Männern vor. Lustlosigkeit des einen Partners kann eine Ehe oder Partnerschaft stark beeinträchtigen und zu Fremdgehen des anderen Partners führen. Bestimmte Krankheiten und Medikamente können einen Libidomangel erzeugen. Ist das nicht der Fall, ist Hypnose erste Wahl.

Hypnose hilft nicht nur bei stofflichen Süchten und Abhängigkeiten, sondern auch bei nicht-stofflichen wie Sexsucht, Pornosucht oder bei Fetischen. Auch hier stecken meist Ereignisse und Lebensumstände aus der Kindheit dahinter, warum sich diese Sucht entwickelt hat.

Der folgende Fall ist zwar keine sexuelle Störung, ist aber hochinteressant. Es geht um den Penisneid einer jungen Frau. Der Begriff wurde von Sigmund Freud geprägt und unterstellt, dass Frauen das männliche Geschlecht unbewusst um dessen Penis beneiden.

„Penisneid" einer Frau

Die Vorgeschichte

Die 33-jährige erfolgreiche Hundetrainerin, die ich fiktiv Hanna nenne, brachte mit ihrem ungewöhnlichen Thema Abwechslung in meinen Praxisalltag. Als ich sie fragte, warum sie bei mir sei, druckste sie zuerst herum. Leicht errötend sagte sie mir, sie habe Penisneid. Bereits im Alter von fünf Jahren wollte sie lieber ein Junge als ein Mädchen sein. In der sechsten Schulklasse hatte sie sich immer wieder Sachen vorne in die Hose gesteckt, um so zu tun, als hätte sie einen Penis. Seit sie denken konnte war sie neidisch auf Männer, die überall im Stehen pinkeln können.

Hanna ging öfters mit ihrem Freund zu Outdoor Events. Bei solchen Events gibt es meistens Toilettenwägen. Sie empfand es immer sehr schlimm, dass sie bei den Frauen anstehen musste, während ihr Freund ohne langes Anstehen sein Geschäft verrichten konnte, weil er einen Penis hat. Sie beneidete ihn dafür.

Sie stellte sich vor, dass Sex mit Penis viel schöner ist als ohne. Sie war wütend, weil sie das Gefühl hatte, dass Frauen weniger wert sind. Dazu kam, dass sie immer wieder Blasenentzündungen hatte, die sie nur mit der Einnahme von Antibiotika zum Abheilen brachte. Vor einem Jahr war sie einige Zeit bei einem Sexualpsychologen in Behandlung, was ihr nichts brachte.

Die Hypnosesitzung

Nach wenigen Minuten befand sich Hanna in Hypnose. Wie immer begann ich mit der Regression. Als wir soweit waren und ich ihr die Orientierungsfragen stellte, sagte sie stattdessen: „Max, ich muss ganz plötzlich an meinem Bruder Max denken! Ich kann mir aber nicht erklären, warum ich jetzt an ihn denken muss." Dann begann sie zu weinen.

Auf meine Frage, was denn mit ihrem Bruder sei antwortete sie, dass der drei Jahre ältere Bruder zehn Tage nach seiner Geburt gestorben war, weil er einen offenen Rücken und einen Wasserkopf hatte. Als sie noch jung war, hatte sie sehr oft seine Bilder angeschaut.

Mich wunderte es nicht, denn genau das ist es, wozu Hypnose hilfreich ist. Im hypnotischen Zustand hat das Unterbewusstsein die Möglichkeit zu zeigen, womit das Problem zusammenhängt. Das muss nicht immer eine konkrete Situation sein. Im Fall von Hanna hing es mit ihrem verstorbenen Bruder Max zusammen, und genau deswegen musste sie jetzt an ihn denken.

Die Hundetrainerin hatte ihren Bruder nie kennengelernt, dennoch hatte sie sich mit ihm immer sehr verbunden gefühlt und darum seine Bilder angeschaut. Ich könnte jetzt darüber spekulieren, warum ihr Unterbewusstsein diesen Penisneid produziert hat. Aber das mache ich nicht, da es Zeit- und Energieverschwendung ist. Wichtig ist einzig, dass die folgende Therapie der Klientin half.

Ich sagte Hanna, sie solle sich vorstellen mit ihrem Bruder in einem Raum zu sein. Das war ein sehr emotionaler Moment für sie. Dann folgte eine Aussprache zwischen den beiden. Ich mache das immer in Form eines Rollenspiels, d. h. die Klientin spricht einmal für sich und einmal für ihren Bruder. In der Hypnose funktioniert das sehr gut.

Hanna sagte Max, dass sie ihn liebt und ihn gerne kennengelernt hätte. Sie sagte ihm auch, dass es ihr sehr leid tut, dass er so früh wieder gehen musste. Darauf folgte der wichtigste Teil. Ich bat die Klientin ihrem Bruder zu sagen, dass sie ab sofort seine männliche Rolle nicht mehr trägt. Sie gab ihm symbolisch die übernommenen männlichen Anteile zurück, vor allem das Verlangen einen Penis zu haben.

Max übernahm diese Anteile verständnisvoll und sagte ihr, dass es ihm sehr leid tut, dass sie darunter gelitten hat. Er wollte das nicht und hatte es auch nicht absichtlich gemacht. Dann entschuldigte sich Max bei seiner Schwester und bat sie, ihm zu verzeihen. Das machte sie dann auch.

Beide wussten jetzt, dass sie für immer miteinander verbunden waren, jetzt ohne Anteile des anderen zurückzubehalten, die sie nicht brauchten. Zum Schluss verabschiedeten sich die Beiden in Liebe.

Mit vielen maßgeschneiderten Suggestionen und einer gedanklichen Reise in die Zukunft in ihrer Rolle als hundertprozentige Frau beendeten wir die Sitzung.

Ich hörte erst nach einigen Monaten wieder von der Hundetrainerin. Sie berichtete lachend, dass sie es sich überhaupt nicht mehr vorstellen könne, einen Penis zu haben oder jemals gewollt zu haben. Der Penisneid war nach der Sitzung innerhalb weniger Tage komplett verschwunden.

Hypnose bei unerfülltem Kinderwunsch

Das ist ebenfalls ein immens großes Einsatzgebiet von Hypnose, das wenig bekannt ist.

Paaren, bei denen es mit einer Schwangerschaft nicht klappt, obwohl sie sich ein Kind wünschen, stehen vielzählige Möglichkeiten zur Verfügung.

Zuerst wird medizinisch abgeklärt, ob eine körperliche Ursache eine Empfängnis verhindern kann. Sind solche Ursachen ausgeschlossen, denken viele an künstliche Befruchtung oder Adoption. Vernachlässigt wird in diesen Fällen teils, dass die Psyche einen großen Einfluss haben kann, ob eine Frau schwanger wird oder nicht. Im Unterbewusstsein sind oft Blockaden versteckt, die der Grund für einen langjährig unerfüllten Kinderwunsch sein können.

An Hypnose denken da viel zu wenig Paare. Dabei gibt es eine ganze Reihe an Kolleginnen, die sich in ihrer Praxis oder im Team in Kinderwunschzentren diesem Thema widmen.

Sie unterstützen mit Hypnose Frauen und Männer, um unbewusste Blockaden und Ängste zu lösen, um Stress abzubauen und Vertrauen wiederzufinden, bei Entscheidungsfragen (zum Beispiel für künstliche Befruchtung, Eizellspende, Samenspende), bei der Begleitung vor, während oder nach der künstlichen Befruchtung oder zur Verbesserung der Spermienqualität.

Ebenso begleiten sie ihre Klientinnen nach Aborten, Früh- und Totgeburten. Mithilfe der mentalen Geburtsvorbereitung unterstützen die spezialisierten Kolleginnen die Frauen während der gesamten Schwangerschaft bis nach der Geburt.

Welche weitreichenden Folgen ein unerfüllter Kinderwunsch haben kann, und dass es dann oft anders kommt als gedacht, zeigt der folgende Fall.

Eheprobleme wegen unerfüllten Kinderwunsches

Die Vorgeschichte

Eine 30-jährige Lehrerin, die ich Irma nenne, wünschte sich ein Kind, wurde aber nicht schwanger. Medizinische Untersuchungen hatten ergeben, dass die Spermaqualität ihres Mannes nicht ausreichte. Sie hatten sich deswegen für künstliche Befruchtung entschieden. Dadurch wurde sie einmal schwanger, verlor den Fötus jedoch. Durch diese Situation entwickelte sie Wut und ihrer Aussage nach sogar Hass auf ihren Mann und dachte seither über Trennung nach. Sie kam zu mir mit dem Ziel, Klarheit über die Situation zu gewinnen, d. h. Trennung oder nicht, und zu 100 % hinter ihrer Entscheidung stehen zu können.

Eine Familienaufstellung und mehrere Sitzungen bei einer Kinesiologin hatten sie nicht weitergebracht.

Die Hypnosesitzung

Nachdem Irma im geeigneten hypnotischen Zustand war, begann ich mit der Regression. Wir fanden zwei SSEs und einen ISE.

Die erste Situation, die auftauchte, lag erst drei Jahre zurück. Sie war bei der Ärztin zur Abklärung wegen der Unfruchtbarkeit und bekam die Mitteilung, dass das Sperma ihres Mannes zu wenig beweglich ist. Sie spürte Wut und Hass auf ihren Mann. Mit einer entsprechenden Methodik in der Hypnose stellte ich schnell fest, dass es sich dabei nicht um den ISE handelte. Also gingen wir weiter zurück.

Die nächste Situation war nur wenige Monate vor der oben beschriebenen mit der Ärztin. Irma hatte Geburtstag und Besuch von ihren Eltern. Plötzlich wie aus dem Nichts sagte ihr ihre Mutter, dass sie nie ein Kind haben wollte und die Tochter nicht gewünscht war. Das schockierte die damals 27-Jährige sehr. Auch hier spürte sie Wut und Hass gegenüber ihrer Mutter. Wieder stellte ich fest, dass es nicht der ISE war und wir folgten ihren belastenden Emotionen noch weiter zurück.

So kamen wir endlich zum ISE. Irma war 8 Jahre alt und an einem heißen Sommertag draußen im Garten im Pool. Einige Nachbarskinder waren ebenfalls da. Ihre Mutter spielte mit den Nachbarskindern und vernachlässigte ihre Tochter. Das kleine Mädchen war sehr enttäuscht und wütend, weil ihre Mutter nicht mit ihr spielte.

Ich brachte die Klientin aus dieser Situation heraus, jedoch nicht aus der Hypnose. Nun erzählte mir Irma, dass sie sich als Kind immer von der Mutter zurückgestoßen gefühlt hatte. Die Ehe ihre Eltern waren nicht gut, und sie haben sich später getrennt, was für die Tochter belastend war.

Wir lösten alle drei Situationen im Unterbewusstsein auf, beginnend beim ISE. Es ist immer wichtig beim ISE zu beginnen und der Reihe nach mit den SSEs fortzufahren. Das Feld wird sozusagen von hinten aufgerollt. Damit waren wir aber noch nicht fertig, auch hier brauchte es Vergebungsarbeit. Vergebung kommt immer dann zum Einsatz, wenn eine andere Person maßgeblich in den auslösenden Situationen beteiligt war.

Ich gebe meinen Klienten und Klientinnen nie vor, wem sie vergeben sollen, sondern lasse sie diejenigen Personen wählen, die ihnen am meisten wehgetan haben. Die Lehrerin wollte ihrer Mutter und ihrem Ehemann vergeben und tat das auch.

Damit waren wir noch nicht fertig. Wie oben beschrieben war es das Ziel von Irma, Klarheit über ihre Ehesituation zu gewinnen. Darum ließ ich sie gedanklich zweimal in die Zukunft reisen.

Bei der ersten Reise sollte sie sich vorstellen, weiter mit ihrem Mann zusammen zu bleiben. In der Hypnose geht es dabei nicht nur um die rein visuelle oder gar logische Vorstellung, sondern vor allem um die Gefühle, die mit dieser Vorstellung verknüpft sind. Bei der zweiten Reise fühlte sie sich in die Situation hinein, als wenn sie ihren Mann schon verlassen hätte.

Danach ließ ich Irma die beiden Situationen miteinander vergleichen. Jetzt wusste sie sofort, welchen Weg sie gehen würde.

Bereits vier Wochen nach der Hypnosesitzung informierte sie mich, dass sie die Scheidung eingereicht hatte und auf Wohnungssuche war. Obwohl es eine stressige Zeit für sie war, wusste und fühlte sie, dass ihre Entscheidung die richtige ist. Sie war glücklich und zuversichtlich, eine neue Liebe zu finden und Mutter zu werden.

Vielleicht denkst du jetzt, oh je, eine Ehe ist zerstört! Nein, so war es nicht. Die Ehe der beiden war schon lange nicht mehr glücklich. Irma kam ganz klar mit dem Auftrag, eine Entscheidung fällen zu wollen. Sie selbst hat in der Hypnose den für sie richtigen Weg gefunden. Ich war vollkommen neutral und habe ihr diesbezüglich nichts suggeriert. Mein Ziel ist es immer, dass es meinen Klientinnen nach der Sitzung besser geht, und auch in diesem Fall habe ich das zusammen mit der Lehrerin erreicht.

Frühere Leben – Past Lifes

In meiner Praxis kommt es eher selten vor, dass Menschen direkt in ein früheres Leben regressieren. Meine Erfahrung nach rund 2.500 Hypnosesitzungen ist, dass circa 96 % aller Ursachen in der Kindheit und frühen Jugend der Personen liegen, die restlichen 4 % sind Ursachen in einem früheren Leben oder im Erwachsenenalter.

Es gibt Hypnotiseure, die ganz gezielt Rückführungen in frühere Leben anbieten und sich dementsprechend Rückführungstherapeut oder Rückführungscoach nennen. Mit den dort verwendeten Hypnosetechniken erfahren Personen sehr viel darüber, wann und wo sie schon einmal gelebt haben und was sie dort erlebt haben.

Ich biete diese Art von gezielten Rückführungen nicht an. Wie schon mehrmals erwähnt suche ich einfach nach der Ursache der Blockade oder des Problems meiner Klientinnen und Klienten. Im Prinzip ist es aus hypnosetherapeutischer Sicht egal, ob die Ursache in diesem oder einem früheren Leben stattgefunden hat. Die Bearbeitung der Ursache erfolgt sehr ähnlich.

Weder habe ich auf meiner Webseite Rückführungen in frühere Leben erwähnt noch erwähne ich sie im hypnotischen Vorgespräch. Da die meisten Klientinnen und Klienten somit nicht erwarten, die Ursache für ihr Problem in einem früheren Leben zu finden, passiert das auch nur sehr selten.

Wenn es geschieht ist das vollkommen in Ordnung für mich. Ich persönlich glaube an Reinkarnation. Jedoch ist es vollkommen egal, ob ein Hypnotiseur an frühere Leben glaubt oder nicht. Sobald eine Klientin in ein früheres Leben regressiert, lösen wir die Probleme dort fachgerecht.

Es gibt verschiedene Theorien in Bezug auf Reinkarnation. Welche davon zutrifft oder ob es das Phänomen „frühere Leben“ wirklich gibt, kann ich nicht sagen. Vielleicht sind hypnotische Erfahrungen in früheren Leben nur reine Hirngespinste.

Bei etwa 85 % meiner bisherigen Klienten und Klientinnen, die beim Regress to Cause in ein früheres Leben gingen, gehe ich davon aus, dass das frühere Leben beziehungsweise die Ursache in einem anderen Leben lediglich eine Art und Weise des Unterbewusstseins war, das Problem im Hier und Jetzt darzustellen. Zu dieser Zahl komme ich, weil die Menschen im hypnotischen Prozess in den meisten Fällen keine detaillierten oder ganz spontanen Angaben machen können, in welchem Jahr sie sich genau befinden, wo exakt sie leben, wie ihre Lebensumstände sind und so weiter.

Circa 15 % meiner Klienten und Klientinnen, die durch Regress to Cause in ein früheres Leben kamen, konnten erstaunlich genaue Angaben machen. Ob es sich dabei jedoch um Realität oder auch nur um Fantasie handelte, weiß ich nicht.

Aber eines weiß ich ganz sicher: wird die Ursache in einem früheren Leben aufgelöst und das Problem verschwindet, hat die Therapie eine 100-prozentige Berechtigung. Letztendlich spielt es auch keine Rolle, ob diese Menschen wirklich schon einmal gelebt haben oder nicht, Hauptsache die Hypnose hilft.

Folgender Fall ist meine eigene Geschichte. Die Sitzung fand einige Monate nach meiner Hypnoseausbildung statt. Eine OMNI Kollegin führte sie durch.

Die Vorgeschichte

Ich hatte schon immer einen leichten Schlaf und wurde bei außergewöhnlichen Geräuschen in der Nacht öfters wach. Vor einigen Jahren war ich gegen 5.00 Uhr morgens panikartig hochgeschreckt. Ich ging davon aus, dass es wegen eines Geräusches war und dachte mir nichts weiter dabei.

In der nächsten Zeit kam es immer öfter vor, dass mir das passierte. Es geschah immer morgens zwischen 5.00 Uhr und 5.30 Uhr. Jedes Mal war es, als ob etwas mich sehr stark erschreckt hätte. Dann hatte ich starkes Herzklopfen, zitterte und mein ganzer Körper war total angespannt. Das Schlimmste war jedoch, dass ich danach sehr oft nicht mehr einschlafen oder nur sehr unruhig weiterschlafen konnte, bis der Wecker um 7.00 Uhr klingelte. Darum war ich tagsüber immer sehr müde und konnte mich nur schlecht konzentrieren.

Als ich meine Kollegin um den Termin bat, hatte ich die panikartigen nächtlichen Attacken zwei bis dreimal pro Woche. Ich war mir schon lange sicher, dass es nicht von irgendwelchen Geräuschen kam.

Die Hypnosesitzung

Nach der Dave Elman Induktion war ich bereits tief in Hypnose und bereit für die Regression. Über das Gefühl der nächtlichen Panik gingen wir zurück zum ISE.

Was nun folgte, war hoch spannend!

Kollegin: Ist es Tag oder Nacht?

Ich: Nacht

Kollegin: Bist du drin oder draußen?

Ich: Drinnen

Kollegin: Bist du alleine oder ist noch jemand da?

Ich: Ich bin alleine, aber es kommt jemand.

Kollegin: Wie alt bist du?

ich: 27 Jahre

Kollegin: Erzähle, was passiert gerade?

Ich: Ich bin im Bett und habe geschlafen. Mein Ehemann

kommt in das Schlafzimmer und setzt sich auf das Bett. Davon bin ich wach geworden. Gerade als ich ihn fragen will was los ist, legt er beide Hände um meinen Hals und drückt zu. Ich höre noch wie er sagt: „Es tut mir so leid, aber ich muss das tun. Ich kann nicht zulassen, dass meine Frau als Hexe angeklagt und hingerichtet wird. Ich komme dadurch in Verruf, und das werde ich jetzt verhindern." Dann drückt er noch fester zu und es wird dunkel.

Sofort hat meine Kollegin mich angeleitet, diese Szene verschwinden zu lassen. Es handelte sich um ein Tötungsdelikt in einem früheren Leben. Ich war von meinem eigenen Mann in der Nacht oder genauer gesagt am sehr frühen Morgen im Bett erwürgt worden.

Warum ich ausgerechnet als 40-Jährige diese Panikattacken bekommen hatte, weiß ich nicht. Ich wohnte schon einige Zeit in der Wohnung und fühlte mich außerordentlich wohl darin. Sie ist ruhig und es gibt keine Wasseradern unter dem Haus. Einen Auslöser konnte ich nicht erkennen. Aber so ist es bei meinen Klienten und Klientinnen auch sehr oft. Sie wissen nicht, warum ein Symptom plötzlich da ist.

Und nun war es also mir selber passiert. Mein ISE lag in einem früheren Leben. Wir lösten diese traumatische Situation auf. Mein Unterbewusstsein konnte so die Erfahrung, gewaltsam am frühen Morgen vor Tagesanbruch aus dem Leben gerissen worden zu sein, loslassen.

Die Sitzung ist schon ein paar Jahre her. Mein Schlaf ist nach wie vor leicht, und ich erwache von manchen Geräuschen, aber diese Panik kam nie wieder. Eine Sitzung hatte zur Befreiung gereicht, und sie wirkt nachhaltig.

Spannend ist, dass nahezu alle Klienten und Klientinnen beim Regress to Cause in eine Situation eines früheren Lebens kamen, die den gewaltsamen Tod des früheren Ichs zur Folge hatte. So wie es auch in meinem Fall war. Dieses

Erleben ist keinesfalls traumatisch, da die Klientin es nicht in allen Einzelheiten erleben muss und diese Situation auch gleich gelöst wird. Das klingt alles viel komplexer als es ist, aber in Hypnose geht vieles so einfach und schnell zu lösen. Ich kann verstehen, dass du dir das vielleicht schwer vorstellen kannst, wenn du es noch nicht selber erlebt hast – sei es als Hypnotisierte oder als Hypnotiseur.

Weitere Anwendungsgebiete

Das waren durchaus nicht alle möglichen Anwendungsgebiete der Hypnosetherapie, es gibt noch viele mehr. Sehr gute Ergebnisse werden erreicht bei Stottern, nervösen Ticks, zum Abgewöhnen von Nägelkauen, beim Stressmanagement, beim Stärken von Selbstwertgefühl und Selbstvertrauen und bei vielem mehr.

Hypnose hilft bei der Verarbeitung aller Art von traumatischen Erlebnissen . Ob wir sie posttraumatische Belastungsstörungen nach dem ICD-10 Code (das ist die internationale Klassifikation der Krankheiten und Gesundheitsprobleme, welche von der Weltgesundheitsorganisation WHO erstellt wurde) nennen oder nicht, spielt dabei keine Rolle. In der ursachenorientierten Hypnose arbeiten wir nicht mit Diagnosen, sondern mit belastenden Emotionen.

Die sehr junge Klientin in folgendem Fall hatte durch eine von ihren Eltern erzwungene Abtreibung ein Trauma erlitten, das sie erst nach der Hypnosesitzung verarbeiten konnte.

Abtreibung mit Folgen

Die Vorgeschichte

Ich wusste nicht, um was es ging, als die 22-jährige, zierliche Jutta meine Praxis betrat. Auf meine Frage, bei was ich ihr denn helfe könne, weinte sie erst einmal für einige Zeit bitterlich und brachte kein Wort heraus. Ich reichte ihr Kleenex-Tücher und wartete ruhig ab. Dann erzählte sie schluchzend Folgendes:

Mit 16 Jahren, sie hatte gerade eine Lehre begonnen, wurde sie von ihrem Freund schwanger. Sie lebte in einer ländlichen Umgebung bei ihren Eltern, die sehr konservativ und streng waren. Daher hatte sie große Angst, dass sie von der Schwangerschaft erfuhren und verheimlichte ihren Zustand.

Eines Morgens fiel Jutta in Ohnmacht, kaum, dass sie in der Firma angekommen war. Ihre Kollegen holten den Notarzt und ließen sie ins Spital bringen. Die Ärzte stellten die Schwangerschaft schnell fest und informierten die Eltern, die ihre Tochter noch am selben Tag abholten. Das Mädchen war sehr erleichtert, als ihr die Eltern versicherten, sie würden zu ihr und dem Baby stehen.

Am nächsten Tag jedoch drückte der Vater seiner Tochter einen Zettel in die Hand mit einem Abtreibungstermin und machte ihr unmissverständlich klar, sie müsse das machen lassen. Sie tat es. Ihr Freund verließ sie, weil er selbst auch nicht mit der Situation klar kam, zudem war er bei ihren Eltern absolut unerwünscht.

Kurz danach wurde Jutta stark depressiv. Sie konnte nicht mehr arbeiten und musste die Lehre abbrechen. Es folgen zwei Jahre Psychotherapie, teils mit Klinikaufenthalt, und die Einnahme von Psychopharmaka. Danach ging es ihr kaum besser.

Es kam aber ein Symptom hinzu, das meine Klientin sehr belastete. Jutta hatte plötzlich den Drang, so oft wie möglich mit verschiedenen Männern zu schlafen. Es war ihr nicht mehr möglich, eine Beziehung zu führen. Spätestens nach drei Tagen hatte sie schon wieder Sex mit einem anderen. Da sie immer noch zuhause bei den Eltern wohnte, bekamen sie und mit der Zeit auch das ganze Dorf es mit. Sie hatte schnell den Ruf des Flittchens.

Mittlerweile machte sie wieder eine Lehre und verbarg ihren schlechten psychischen Zustand so gut wie möglich vor den Eltern und den Kollegen. Ihre Eltern hatten ihr gedroht, dass sie wieder Antidepressiva nehmen müsse, wenn sie jetzt nicht funktioniere.

Die Hypnosesitzung

In diesem Fall habe ich keine Regression angewendet, sondern reine Vergebungsarbeit. Das mache ich immer dann, wenn es sich um Fälle von anhaltendem emotionalen oder seelischen Missbrauch oder Abtreibungen handelt. Dann geht es nicht um den Ursprung, sondern darum, dass ein oder mehrere andere Menschen ganz offensichtlich die Klientin emotional aufs schwerste verletzt hatten.

Es ging darum, dass Jutta aus tiefstem Herzen denjenigen Menschen vergibt, die ihr am meisten wehgetan haben.

Das essentiell Wichtige bei der Vergebungsarbeit ist, dass die Klientinnen es nicht einfach nur so sagen, dass sie vergeben, weil es sonst nichts bringt. Sie müssen es wirklich meinen und auch fühlen. Solange Groll, Hass oder sonstige stark belastende Gefühle für die verursachenden Personen da sind, können die Symptome nicht gehen.

Vergebung bedeutet dabei auf keinen Fall, dass sie akzeptieren, was die anderen Menschen getan haben. Vergebung bedeutet, dass sie sich lösen von den unangenehmen Gefühlen, die die Anderen durch deren Worte und Taten in ihnen ausgelöst haben. Vergebung bedeutet, seinen Frieden zu finden.

Ich half Jutta ihrem Vater, ihrer Mutter und ihrem Ex-Freund aus tiefstem Herzen zu vergeben, was diese ihr angetan hatten. Es fiel ihr schwer, aber sie schaffte es.

Danach kam der allerschwerste Teil. Ich bat Jutta sich vorzustellen, dass vor ihr auf einem Stuhl ein Babykörbchen liegt und sich ihr Baby darin befindet. Ich ließ sie mit dem Ungeborenen sprechen. Sie entschuldigte sich bei dem Kleinen, sagte ihm, dass sie es liebt und sie sich wiedersehen werden. In einem Rollenspiel ließ ich das Baby antworten, da sprach also Jutta für ihr Kind. Das Kleine verzieh seiner Mutter und sagte ihr, dass es die Situation verstehe und wisse, dass sie nichts dafür könne. Das war hoch emotional.

Abschließend bat ich die 22-Jährige, sich selber aus tiefsten Herzen zu vergeben für ihre Worte und Taten, mit denen sie anderen Menschen wehgetan hatte.

Dieses Vorgehen ist nicht re-traumatisierend oder grausam, sondern in höchstem Maß heilend! Vergebungsarbeit ist neben der Regression die meiner Erfahrung nach transformativste und wirksamste Methodik in der Hypnosetherapie.

Die Rückmeldung von Jutta war wunderschön: nach zwei Monaten rief sie mich an und erzählte, dass sie seit der Hypnose mit keinem Mann mehr Sex hatte, weil jegliches zwanghafte Bedürfnis danach komplett verschwunden ist. Sie hatte einen netten Mann kennengelernt, mit dem sich eine Beziehung anbahne. Sie hat ihm ihre Geschichte erzählt, und er hat sehr verständnisvoll reagiert.

Die Depression war ebenfalls verschwunden. Sie wurde gelegentlich etwas sentimental, wenn sie eine Frau mit ihrem Baby sah, aber tief in ihr spürte sie, dass eines Tages auch sie wieder ein Kind haben würde und dann alles gut wird.

Wutausbrüche gegenüber der Mutter

Die Vorgeschichte

Das Verhältnis der 57-jährigen Büroangestellten, die ich Karin nenne, zu ihrer Mutter war schon immer schwierig. Die Klientin konnte es ihrer Mutter bereits als Kind nie recht machen, und das hatte sich all die Jahrzehnte lang nicht geändert. Die Mutter war seit jeher herrisch, und der Vater hatte in der Familie nichts zu sagen. Die Klientin wurde von ihrer Mutter, ihrer Schwester und sogar von einer Mitschülerin immer wieder geschlagen.

Einige Wochen vor dem Termin kam es zu einer Auseinandersetzung zwischen Karin und ihrer Mutter. Karin ist regelrecht explodiert und hat ihre Mutter laut angeschrien. Daraufhin wollte ihr die Mutter ins Gesicht schlagen, und Karin konnte deren Arm gerade noch abfangen. Nun machte ihr die Mutter massive Vorwürfe.

Seit diesem Vorfall herrschte Funkstille zwischen den beiden, aber auch zwischen Karin und ihrem Vater, der zu seiner Frau hielt. Die 57-Jährige lebte seither in einem Wechselbad der Gefühle und spürte immer wieder eine große Wut in ihrem Bauch.

Sie kam zu mir, weil sie ihren inneren Frieden finden wollte.

Der Grund der angestauten Wut

Nach der Induktion und Vertiefung der Trance startete ich mit Regress to Cause. Über das Gefühl „Wut im Bauch" führte ich Karin zurück zu dem Moment, als sie zum allerersten Mal in ihrem Leben diese Wut verspürt hatte. Sobald die Klientin gedanklich und emotional bei der ursächlichen und im Unterbewusstsein gespeicherten Situation angelangt war, stellte ich ihr wie immer die Orientierungsfragen.

Ich: Ist es Tag oder Nacht?

Karin: Tag

Ich: Bist du drin oder draußen?

Karin: Drinnen

ich: Bist du alleine oder ist noch jemand da?

Karin: Es ist Besuch da

Ich: Wie alt bist du?

Karin: 8 Jahre

Ich: Erzähle, was passiert gerade?

Karin: Meine Eltern streiten, und ich schäme mich so, weil meine Cousine zu Besuch ist und den Streit der Eltern mitbekommt. Ich bin so wütend auf meine Eltern! Wie können sie mir das nur antun. Ich bin so wütend, dass ich ihnen androhe davonzulaufen.

Es war das erste Mal, dass sie diese große Wut verspürte. Wir hatten somit den ISE gefunden. Nun war es die Aufgabe der erwachsenen Karin, gedanklich eine Zeitreise zurück zu sich selbst als 8-Jährige zu machen und ihrem inneren Kind zu helfen. Mit meiner Hilfe löste sie diese Aufgabe sehr gut.

Anschließend verspürte Karin immer noch diese Wut im Bauch. Also gingen wir noch einmal mit Regression zurück.

Ich: Ist es Tag oder Nacht?

Karin: Abend

Ich: Bist du drin oder draußen?

Karin: Drinnen

Ich: Bist du alleine oder ist noch jemand da?

Karin: Es ist Besuch da

Ich: Wie alt bist du?

Karin: 13 Jahre

Ich: Erzähle, was passiert gerade?

Karin: Wir haben Besuch, Freunde der Eltern sind da. Wir haben gerade zu Abend gegessen. Meine Mutter möchte Schallplatten anhören und legt eine auf den Plattenspieler. Die Erwachsenen sitzen alle auf dem Sofa. Jetzt möchte meine Mutter, dass ich zu der Musik tanze, damit alle mir dabei zuschauen können. Aber ich möchte das nicht, ich möchte nicht tanzen! Meine Mutter drängt mich dazu. Die Erwachsenen lachen mich aus. Ich schäme mich und bin sehr wütend auf meine Mutter!

Bei dieser Situation handelte es sich um einen emotional belastenden SSE. Wir lösten ihn auf dieselbe Weise wie die vorhergehende Situation.

Das waren sicher nicht die einzigen Situationen, in denen Karin als Kind wütend auf ihre Mutter war. Ihr Unterbewusstsein hatte sie aber als besonders belastend abgespeichert und ihr daher bei der Hypnose wieder in Erinnerung gerufen.

Wenn eine stark belastende Emotion immer wieder durch eine bestimmte Person hervorgerufen wird, ist Vergebungsarbeit indiziert. Wie ich weiter oben schon erwähnt habe, gebe ich meinen Klienten und Klientinnen nicht vor, wem sie vergeben sollten. Es überraschte mich aber nicht, dass Karin sofort ihre Mutter nannte auf meine Frage, wer ihr in ihrem Leben am meisten wehgetan hat.

Die Klientin vergab ihrer Mutter, dass sie keine Nähe zugelassen hatte, so herrisch war und ihren Perfektionismus. Es war nicht nötig, weiteren Menschen zu vergeben. Allerdings bat ich Karin noch sich selber zu verzeihen, denn auch sie hatte in ihrem Leben Dinge gesagt oder getan, womit sie anderen Menschen wehgetan hat. Und meistens meinen wir so etwas ja nicht böse, sondern es passiert einfach aus einer bestimmten Situation heraus.

Nach Suggestionen für Ruhe und Gelassenheit vor allem in Gegenwart von und im Umgang mit ihrer Mutter beendeten wir die Sitzung.

Eine Woche später rief mich Karin an. Drei Tage nach der Hypnosesitzung hatte sie ihre Mutter besucht und sich mit ihr ausgesprochen. Ihre Mutter reagierte ruhig und verständnisvoll. Karin war glücklich und zuversichtlich, nun endlich ein besseres Verhältnis zu ihrer Mutter bis zu deren Tod zu haben.

Abnehmen beginnt im Kopf

Ein weiteres und sehr bekanntes Anwendungsgebiet für Hypnose ist die Unterstützung von Personen bei der Gewichtsreduktion.

Bevor ich die Geschichte einer Klientin erzähle ist es mir wichtig, auf den Begriff Gewichtsverlust einzugehen. Ich spreche nie von Gewichtsverlust oder Gewicht verlieren. Wenn wir Menschen etwas verlieren ist das unangenehm oder ärgerlich. Sobald wir das Verlorene wiedergefunden haben, freuen wir uns. Viele Menschen, die Diäten machen und Gewicht verloren haben, finden es dank dem Jo-Jo-Effekt schneller wieder als sie dachten. Nur freuen sie sich nicht darüber. Der Begriff Verlust ist im Unterbewusstsein negativ verankert, darum verwende ich Gewichtsverlust oder Gewicht verlieren nie, sondern Gewichtsreduktion, Abnehmen oder das Wohlfühlgewicht erreichen.

Hinter belastendem Übergewicht steckt immer ein seelisch-emotionales Ungleichgewicht, das wir mit Hypnose auflösen. Nur am Essverhalten zu arbeiten ohne die Ursache zu lösen, wird lediglich in seltenen Fällen nachhaltig zum Wohlfühlgewicht führen. Übergewicht ist oft das Ergebnis des Symptoms „zu viel, zu süß, zu fett essen".

Die Vorgeschichte

Als die 63-jährige Frau, die ich Lotte nenne, in meine Praxis kam, schlurfte sie, hatte sichtlich Mühe beim Gehen und wirkte erschöpft. Die Klientin wog bei einer Größe von 1,69 Meter 132 kg. Sie war wegen eines metabolischen Syndroms zur Behandlung in einer Stoffwechselklinik. Das metabolische Syndrom ist eine Kombination von zu viel Bauchfett, Bluthochdruck, erhöhten Blutzucker- und Blutfettwerten. Durch das hohe Übergewicht hatte sie ständig Schmerzen in den Knien. Ihr rechtes Knie war vor einigen Wochen operiert worden, und der Unterschenkel war durch die sich stauende Lymphflüssigkeit sehr dick. Die Ärztin der Stoffwechselklinik hatte ihr geraten, sie solle doch etwas abnehmen.

Für Lotte war das leichter gesagt als getan. Sie fühlte sich süchtig nach Süßigkeiten. Mehrmals am Tag griff sie ins Regal, wo sie immer einen großen Vorrat an Schokoladeriegeln hatte. Dadurch hatte sie zu den Hauptmahlzeiten kaum Hunger, was dazu führte, dass sie wenig gesunde und ausgewogene Nahrung zu sich nahm.

Stimmungsmäßig war die ehemalige Lehrerin in einem anhaltenden Tief. Wegen der Schmerzen in den Beinen und des Übergewichts war Lotte stark in ihrer Bewegung eingeschränkt. Sie saß den ganzen Tag alleine in der Wohnung und hatte keine sinnvolle Aufgabe. Dabei hatte sie sich früher immer gerne im Garten beschäftigt. Am meisten belastete sie, dass sie ihren Sohn, der seit fünf Jahren in Neuseeland lebte, wegen Thrombosegefahr auf dem langen Flug nicht besuchen konnte.

Lottes erstes Ziel war es, gewichtsmäßig unter 100 kg zu kommen. Sie wollte wieder beweglicher sein, ihren Sohn besuchen können und vor allem mehr Freude am Leben haben.

Die erste Sitzung

Wie immer begann ich nach Einleitung und Vertiefung der Hypnose mit der Regression. Das ist ein spannender Moment, denn ich weiß nie, in welcher Situation ihres Lebens die Menschen landen.

In kürzester Zeit befand sich Lotte in ihrer Kindheit. Sie war 8 Jahre alt und fühlte sich bei ihrer Mutter, die weder Zeit für sie hatte noch ihr Zuneigung gab, sehr unglücklich und allein. Ihren Vater kannte das Mädchen nicht. Er hatte sich aus dem Staub gemacht, als er erfuhr, dass seine Partnerin schwanger war. Das war jedoch noch nicht die Ursache, sondern ein SSE. Wir gingen daher noch weiter zurück.

Lotte war 6 Jahre alt und bei ihrer Großmutter, ihre Mutter kam sie abholen. Allerdings war das Mädchen nicht zu Besuch bei der Großmutter, sondern sie war dort aufgewachsen. Ihre Mutter hatte die knapp einjährige Tochter damals bei ihrer eigenen Mutter abgegeben, weil sie arbeiten musste und keine Lust hatte, ihr Kind aufzuziehen.

Meine Klientin hatte eine wunderschöne und glückliche Kindheit bei der Großmutter verbracht und viel Liebe von ihr bekommen. Nun hatte die Mutter beschlossen, Lotte zu sich zu holen, damit sie bei ihr am Ort zur Schule gehen konnte. Der Umzug und die Trennung von der geliebten Großmutter waren sehr traumatisch für die 6-Jährige, vor allem, weil ihre Mutter ihr keine Liebe gab.

Die Arbeit mit dem inneren Kind und die anschließende Vergebungsarbeit lösten dieses Trauma im Unterbewusstsein der Klientin nachhaltig auf. Es war eine sehr emotionale Sitzung für die 63-jährige Frau. Wir vereinbarten einen Folgetermin zwei Wochen später, dann verließ sie müde aber erleichtert die Praxis.

Die zweite Sitzung

Als Lotte nach zwei Wochen wiederkam, schien sie eine andere Frau zu sein. Sie ging bereits leichtfüßiger und ihre Augen strahlten. Lächelnd erzählte sie mir, dass sie keinerlei Lust mehr auf Süßigkeiten hatte und stattdessen dreimal täglich gesund und ausgewogen esse. Zwei Kilo waren weg, sie fühlte sich bereits um ein Vielfaches leichter und hatte mehr Energie.

Wir arbeiteten an ihrer Motivation durchzuhalten und verstärkten das neue Essverhalten im Unterbewusstsein.

Bevor wir uns verabschiedeten versprach sie mir, sich zu melden und mir zu berichten, wie es ihr ergangen war oder mitzuteilen, ob sie nochmals meine Unterstützung brauchte.

Die dritte Sitzung

Ziemlich genau ein Jahr später hatte Lotte einen weiteren Termin vereinbart. Strahlend betrat sie die Praxis und begrüßte mich mit den Worten „Hallo Frau Blabl, die ersten 25 kg sind weg, und jetzt brauche ich Motivation für die nächsten 25 kg."

Das Schönste für mich war aber, als Lotte mir erzählte, dass sie nun wieder regelmäßig in ihrem Garten arbeitet und Gemüse für den Eigenverbrauch anbaut. Sie ist somit regelmäßig an der frischen Luft und hat leichte Bewegung. Sie war guter Dinge, bald zu ihrem Sohn nach Neuseeland fliegen zu können.

Diese 25 kg weniger Gewicht hatten schon ausgereicht, das metabolische Syndrom zum Verschwinden zu bringen. Blutdruck, Blutzucker- und Blutfettwerte hatten sich im Normalbereich eingependelt. Die Ärztin der Stoffwechselklinik war erstaunt und erfreut, dass ihre Patientin das geschafft hatte. Die jetzt 64-Jährige hatte zwar noch zu viel Bauchfett, aber deswegen war sie nochmals bei mir.

Es ist schön und befriedigend, Menschen auf ihrem Weg zu mehr Wohlbefinden begleiten zu dürfen.

Und all das ist nur ein winziger Auszug von dem, was mit Hypnose möglich ist.

Hypnosetherapie, Hypnosecoaching oder einfach Hypnose ist bei unendlich vielen Themen und Beschwerden und in unendlich vielen Gebieten einsetzbar und anwendbar. Ich bin überzeugt, dass selbst wir Hypnotiseure, die wir tagtäglich mit dieser wunderbaren Methode arbeiten, nicht mal einen Bruchteil dessen kennen, was wirklich möglich ist.

Bleibe offen - und wie Isaac Newton sagte: „Was wir wissen, ist ein Tropfen; was wir nicht wissen, ein Ozean.“

Hypnotherapeut oder Hypnosetherapeutin?

Viele Menschen sind verwirrt von den verschiedenen Begriffen Hypnotherapeut/in, Hypnosetherapeut/in, Hypnocoach, Hypnosecoach und Hypnotiseur/in. Deswegen erläutere ich diese Ausdrücke hier.

Verschiedene Länder haben verschiedene Regelungen. In Deutschland und Österreich hat der Regulator sich ausgetobt und genau definiert, unter welchen Bedingungen ein Hypnotiseur oder eine Hypnotiseurin was machen darf oder vielmehr was nicht. Daraus leiten sich auch die unterschiedlichen oben genannten Bezeichnungen ab.

Das alles hängt davon ab, ob und welche Heilerlaubnis du hast. Im Folgenden beleuchte ich den Sinn oder Unsinn dieses Systems etwas näher und kläre zunächst die Begrifflichkeiten.

Was ist eine Heilerlaubnis?

Allein bei dem Begriff „Heilerlaubnis“ kann ich nur den Kopf schütteln. Meiner Ansicht nach heilt kein Therapeut und keine Ärztin auf der Welt irgendjemand. Heilung findet immer nur in Form der Selbstheilung in der betreffenden Person statt.

Mediziner und Therapeutinnen geben lediglich Hilfestellung, Anreize oder Impulse, um diese Selbstheilung anzuregen. Aber da der Begriff offiziell so existiert, verwende ich ihn zum besseren Verständnis.

Die Heilerlaubnis hat in Deutschland, wer den großen oder kleinen Heilpraktiker hat. Damit geht es schon weiter mit der unpassenden Begrifflichkeit, da es für mich bewertend klingt. Ich habe schon viele Kolleginnen sagen hören: „Ich habe nur den kleinen Heilpraktiker“.

Der kleine Heilpraktiker

Die eingeschränkte Heilerlaubnis wird umgangssprachlich „kleiner Heilpraktiker“ genannt und ist der „Heilpraktiker für Psychotherapie“, abgekürzt HPP. Diese staatliche Heilerlaubnis wird durch eine Prüfung beim Gesundheitsamt erworben und berechtigt zur Ausübung von Psychotherapie nach dem Heilpraktikergesetz.

Nach Bestehen der Prüfung darfst du eine Praxis eröffnen und Psychotherapie wie oben erwähnt anbieten. Du darfst dich allerdings nicht Psychotherapeut nennen, weil diese Bezeichnung für akademisch ausgebildete Psychotherapeuten und Psychotherapeutinnen vorbehalten ist.

Körperliche Krankheiten darfst du als HPP nicht behandeln, das ist Menschen vorbehalten, die im Besitz der großen Heilerlaubnis sind.

Die große Heilerlaubnis

Heilpraktiker und Heilpraktikerinnen, abgekürzt HP, erwerben ihre Heilerlaubnis durch eine Kenntnisprüfung beim Gesundheitsamt. Hiermit darfst du im Prinzip alle physischen und psychischen Krankheiten behandeln, die nicht durch das Gesetz ausgeschlossen sind (z. B. keine meldepflichtigen Infektionskrankheiten und keine Krankheiten, die in die Zahnheilkunde fallen usw.).

Hypnotherapeutin bzw. Hypnosetherapeut

Wenn du nun die große oder kleine Heilerlaubnis hast und eine Hypnoseausbildung absolviert hast, darfst du dich in Deutschland Hypnotherapeut bzw. Hypnosetherapeutin nennen. Beide Begriffe bedeuten dasselbe.

Die Bezeichnung Hypnotherapeut oder Hypnotherapie kommt von der Methode nach Milton Erickson. Viele, die Hypnosemethodik nach dem amerikanischen Psychotherapeuten gelernt haben, nennen sich Hypnotherapeut bzw. Hypnotherapeutin. Das kommt meines Erachtens daher, dass der Begriff im Englischen Hypnotherapist bzw. Hypnotherapy heißt.

In der OMNI Hypnoseausbildung unterrichten wir nach den Methoden von Dave Elman, dem Meister der schnellen Hypnosetechniken.

Ich persönlich nenne mich Hypnosetherapeutin, weil ich Hypnose anwende und nicht Hypno.

Als Hypnosetherapeut oder Hypnosetherapeutin in mit einem HPP-Abschluss darfst du in Deutschland mit Hypnose entsprechend nur diejenigen psychischen Krankheiten und Störungsbilder behandeln, die für einen HPP allgemein erlaubt sind. Das gilt entsprechend für den Abschluss eines HP.

Hypnocoach bzw. Hypnosecoach

Wenn du keine Heilerlaubnis hast und mit Hypnose arbeitest, sondern als Coach tätig bist, darfst du dich Hypnocoach bzw. Hypnosecoach nennen. Auch hier gelten beide Begrifflichkeiten und sind gleichwertig.

Hypnotiseurin, Hypnotiseur

Hier gilt dasselbe wie für den Hypnocoach. Da der Begriff Coach (außer in Österreich) nicht geschützt ist, ist es ohne Heilerlaubnis egal, ob du dich Hypnocoach oder Hypnotiseur nennst. Du kannst zwischen beiden wählen. Letztendlich hängt die Bezeichnung davon ab, welche Klienten und Klientinnen du als Zielgruppe ansprechen möchtest.

In Österreich ist Hypnose im medizinischen Bereich Ärzten und Psychotherapeuten vorbehalten. Wenn du dort als Nichtmediziner mit Hypnose tätig sein willst, darfst du nur Themen anbieten, die nicht als physische oder psychische Krankheit gelten. Damit fällt für Nichtmediziner die Bezeichnung Hypnosetherapeut weg.

Da in Österreich der Begriff Coach geschützt ist, musst du ein Gewerbe als Unternehmensberaterin oder Lebens- und Sozialberater haben, um dich Coach oder Hypnosecoach zu nennen.

Bist du weder Medizinerin noch hast du ein entsprechendes Gewerbe, bleibt nur die Bezeichnung Hypnotiseur.

In der Schweiz ist es ganz einfach. Du brauchst weder Medizin zu studieren, eine Heilpraktikerprüfung abzulegen oder eine andere Vorqualifikation. Selbst wenn du als Quereinsteiger Hypnose lernst, darfst du dich Hypnosetherapeutin oder Hypnosetherapeut nennen. Es steht dir frei, dich Hypnosecoach zu nennen.

Aufklärung in der Hypnoseausbildung

Du wirst in jeder guten und seriösen Hypnoseausbildung genau darüber aufgeklärt, unter welchen Bedingungen du dich wie nennen darfst. Und auch darüber, was du ohne Heilerlaubnis in Deutschland mit Hypnose machen darfst.

Das darfst du ohne in Deutschland ohne Heilerlaubnis und in Österreich als Nichtmediziner mit Hypnose:

- Anspannungen lösen, Tiefenentspannung
- Berufliche und persönliche Blockaden lösen
- Ein- und Durchschlafen verbessern
- Gedächtnistraining, Konzentrationssteigerung
- Gewichtsreduktion (wenn keine Adipositas oder Essstörung vorliegt)
- Gruppenhypnosen zur Entspannung
- Körpergefühl und Sinneswahrnehmungen steigern
- Körperliche und mentale Leistungssteigerungen
- Kreativität bei Künstlern anregen
- Motivationssteigerung in Beruf, Schule, Sport, Familie

- Nägelkauen stoppen
- Rauchstopp (sofern Rauchen in deinem Tätigkeitsgebiet vom zuständigen Gesundheitsamt nicht als Sucht deklariert ist)
- Fantasiereisen
- Rückführungen (z. B. in frühere Leben, Kindheit)
- Schlechte Angewohnheiten auflösen
- Schnarchstopp
- Schüchternheit eliminieren
- Selbstheilungskräfte anregen, vertiefen, beschleunigen (bei Verletzungen oder Wundheilung nach Operationen) oder zum gesund Bleiben
- Selbsthypnose unterrichten (einzeln oder in Gruppen)
- Selbstvertrauen, Selbstwert und Selbstbewusstsein steigern
- Sporthypnose (Einzelathleten und Teams, z. B. Golf, Tennis, etc.)
- Sprachen besser lernen
- Stressreduktion und Stressmanagement
- Träume erinnern können
- Verlorene oder vergessene Dinge wiederfinden
- Und so weiter ...

Auf den ersten Blick mag es sehr wenig erscheinen, was du ohne Heilerlaubnis machen kannst und darfst. Aber das ist es nicht. Daher habe ich dir diese (sicher unvollständige) Liste zusammengestellt.

Nun weißt du, was die Heilerlaubnis ist und wie du dich mit und ohne nennen darfst. Aber macht das Sinn? Braucht man eine Heilerlaubnis und damit tiefere Kenntnisse der menschlichen Psyche oder des Körpers, um Krankheiten und Störungen zu lösen?

Ja aus Sicht der deutschen Gesetzgebung.

Ja aus Sicht von Menschen, die Hypnose und deren Wirkungsweise nicht kennen.

Nein aus Sicht der Ursachen auflösenden Hypnosemethodik, die ich bereits beschrieben habe.

Das Nein begründet sich ganz einfach: Wenn ein gut ausgebildeter Hypnotiseur oder eine gut ausgebildete Hypnotiseurin (ich verwende jetzt absichtlich den neutralen Begriff) Altersregression anwendet, arbeiten sie nicht primär an der Krankheit oder an dem Symptom, sondern an der Ursache des Problems!

Wir stellen auch keine Diagnosen, außer du hast die Heilerlaubnis und darfst welche stellen. Für die ursachenorientierte Hypnose brauchen wir jedoch keine Diagnose.

Die Schulmedizin und viele therapeutische Verfahren dagegen setzen am Symptom an, weil sie gar nicht wissen, wie sie die Ursache dafür finden können.

Jedes Symptom ist ein Zeichen, dass mit der Psyche und/oder dem Körper etwas nicht stimmt. Der Mensch produziert Symptome und Krankheiten nicht zum Spaß, sondern weil er irgendetwas Belastendes nicht verarbeitet hat.

Deswegen brauchst du meiner Ansicht nach keine tiefergehenden medizinischen Kenntnisse über Körper und Psyche, um Menschen mit Hypnose erfolgreich zu helfen. Was du als Hypnotiseur oder Hypnotiseurin aber nebst einer guten Hypnoseausbildung brauchst ist Empathie, die Fähigkeit gut mit Menschen umzugehen, gut zuzuhören, Selbstreflexion, du solltest dein eigenes Lebensthema und Nebenbaustellen gelöst haben (oder dran sein, sie mit Hypnose von Kollegen oder Kolleginnen lösen zu lassen), dann Erfahrung, die mit dem TUN kommt und Erfahrungsaustausch mit Kolleginnen und Kollegen.

Viele Schweizer Kolleginnen und Kollegen, die ich persönlich kenne, haben keinen medizinischen oder therapeutischen Hintergrund. Sie machen eine wunderbare Arbeit mit Hypnose, helfen vielen Menschen bei deren kleinen und großen Themen und werden daher oft und gerne weiterempfohlen.

Hypnose als Kurzzeitintervention

Mein Bestreben ist es immer, das Thema meiner Klientinnen und Klienten in einer Sitzung zu lösen. Das ist nicht immer möglich, aber sehr oft.

Damit wir alles gründlich aufarbeiten und möglichst in der ersten Sitzung lösen können, setze ich für eine Erstsitzung grundsätzlich drei Stunden an, die in der Regel zwischen zwei und drei Stunden dauern. Ich möchte keine Sitzung abkürzen müssen, weil die Zeit nicht ausreicht.

Ich möchte erst recht keine Sitzungsabos verkaufen. Langzeittherapien mit nur kleinen Besserungsschritten gibt es genügend. Hypnose ist jedoch bestens als Kurzzeitintervention geeignet. Darum setzte ich sie auch so ein.

Meine Klientinnen und Klienten haben es verdient, dass ich mein Bestmöglichstes gebe und ihnen so effizient wie erdenklich helfe. Natürlich könnte ich zum Beispiel zum Lösen einer Flugangst fünf Sitzungen ansetzen und dann symptomorientiert die Angst verringern. Das ist aber zum einen Zeit- und Geldverschwendung für die Menschen, zum anderen ist es in meiner Welt unseriös, mit Hypnose, die so vieles vermag, eine Therapie künstlich zu verlängern.

Ich brauche keine Klientinnen und Klienten, die mehrmals kommen müssen, damit ich genügend Einkommen habe. Im Gegenteil. Je schneller ich meinen Klienten helfe, umso öfter werde ich weiterempfohlen und umso mehr neue Menschen kommen zu mir. So kann ich mehr Menschen helfen und Hypnose wird als ernst zu nehmende, wirksame Therapiemethode bekannter.

Es gibt ein paar Ausnahmen, bei denen es Sinn ergibt oder notwendig ist, mehr als eine Sitzung zu vereinbaren.

Sinnvoll ist es z. B. meistens bei Gewichtsreduktion. Menschen brauchen keine Spinnenphobie, Migräne, chronische

Schmerzen oder Zigaretten, aber sie brauchen Essen. Wir sind immer und überall mit Essen konfrontiert. Das moderne Schlaraffenland mit 24-Stunden-Einkaufsmöglichkeiten und riesigem Nahrungsangebot ist verführerisch. Die Nahrungsmittelindustrie weiß sehr gut, wie sie Menschen mit zuckerhaltigen Produkten abhängig macht. Menschen, die sich aufgrund ihrer früheren traumatischen Erlebnisse mit Süßem trösten, sich (meist unbewusst) einen Schutzmantel in Form von zu vielen Kilos zulegen oder für die Essen ein Ersatz für fehlende Liebe und Zuneigung ist.

Erfahrungsgemäß kommen die Klientinnen im Schnitt zwei- bis viermal, bis sich das neue, gewünschte Essensmuster voll etabliert hat, damit sie ihr Wohlfühlgewicht erreichen. Aber auch hier hatte ich schon Klientinnen, bei denen eine einzige Sitzung ausreichend war.

Mehr als eine Sitzung brauche ich zum Beispiel bei Menschen mit Krebs, Multipler Sklerose (MS) oder anderen langen und schweren Krankheiten. In diesen Fällen arbeiten wir mit Hypnose unterstützend zu den schulmedizinischen Maßnahmen. Hier ist es besonders wichtig die Ursachen zu lösen, Ängste, Sorgen und sonstige negative Emotionen zu mildern und die psychische Balance herzustellen.

Im nächsten Kapitel erzähle ich dir, wie eine Hypnosesitzung genau abläuft.

Ablauf einer Hypnosesitzung

In einer Erstsitzung nehme ich immer zuerst die Klientendaten auf und führe eine gründliche Anamnese durch. Ich lasse mir von den Klientinnen und Klienten ihr Anliegen beschreiben, einen Überblick über die Krankheitsgeschichte geben, welche Medikamente sie gegebenenfalls einnehmen und was sie schon alles unternommen haben, um ihr Thema zu lösen.

Anschließend mache ich ein hypnotisches Vorgespräch, in dem ich die Menschen genau und ausführlich aufkläre, was Hypnose ist und was nicht, so wie ich dir das auszugsweise im Kapitel „Die hartnäckigen Mythen über Hypnose“ beschrieben habe. Die Klientinnen haben die Möglichkeit, noch offene Fragen zu stellen und ich beantworte sie ihnen.

Schließlich bitte ich sie, ihr Handy auszuschalten oder auf Flugmodus zu stellen und auf die Toilette zu gehen. Erst jetzt beginnt die eigentliche Hypnosesitzung.

Wie du nun weißt, reserviere ich immer drei Stunden für die Erstsitzung. Je nach Thematik und Vorgeschichte der Klienten dauern Anamnese und Vorgespräch 30 bis 60 Minuten. Die Hypnose selbst dauert 30 bis 90 Minuten. In seltenen Fällen ist sie kürzer oder länger. Die Sitzungsdauer hängt auch wieder von der Thematik der Menschen ab oder genauer gesagt, wie viele ISE und SSE aufgelöst werden müssen und ob es Vergebungsarbeit braucht. Mehr zur Vergebungsarbeit hast du z. B. im Kapitel „Abtreibung mit Folgen“ gelesen.

Ich wiederhole: Mein Bestreben ist es immer, das Thema meiner Klienten und Klientinnen in einer Sitzung zu lösen. Ist es danach noch nicht zu ihrer Zufriedenheit gelöst, vereinbaren wir eine Folgesitzung. Diese dauert bei mir meist eine Stunde.

Wir besprechen in der Folgesitzung zuerst, was sich bereits verändert hat und woran wir weiter arbeiten. Nach wenigen Minuten beginnt die Hypnosesitzung, die 30 bis 50 Minuten dauert.

Am Schluss löse ich die Hypnose sauber auf, und die Klienten kommen voll und ganz zurück ins Hier & Jetzt. Sie sind nach der Erst- oder Folgesitzung natürlich fähig mit dem Auto, öffentlichen Verkehrsmitteln, dem Fahrrad oder zu Fuß zu ihrem Zielort zu gelangen.

Selbstverständlich dürfen sie mich im Nachhinein jederzeit kontaktieren, wenn sie noch Fragen oder ein sonstiges Ansinnen haben.

Mittlerweile habe ich viele Klientinnen und Klienten, die mehrmals kommen, aber jedes Mal zu einem anderen Thema. Sobald ein Problem in einer Sitzung gelöst ist, kommen sie gerne mit weiteren Anliegen.

Hier ist in Kurzform der Ablauf einer Erstsitzung:

Begrüßung, Platz im Hypnosesessel nehmen lassen und Wasser anbieten, Klientendaten aufnehmen, Anamnese, hypnotisches Vorgespräch, Handy ausschalten und zur Toilette gehen, eigentliche Hypnosesitzung (inklusive Einleitung in die Hypnose, Therapie, aus der Hypnose herausbringen), Nachbesprechung.

Business-Herausforderungen einer Hypnosepraxis

Ganz am Anfang des Buchs habe ich erwähnt, dass es mir relativ schnell gelungen ist, meine Praxis aufzubauen, Klienten zu gewinnen und somit auch viel Erfahrungen zu sammeln. Ganz so einfach ist es in den meisten Fällen nicht.

Es reicht keinesfalls, eine Praxis zu eröffnen, eine Webseite online zu stellen, Visitenkarten machen zu lassen und vielleicht noch auf Facebook Bilder der Praxis mit dem Hinweis zu posten, dass du jetzt startklar bist. So werden die Menschen nicht gleich in Scharen kommen.

Darum schließe ich in »Hypnose – Alles ist möglich« einige Marketingtipps für den Aufbau deiner Hypnosepraxis ein.

Alle Tipps gelten nicht nur, wenn du neu mit einer Praxis durchstarten möchtest, sondern auch, wenn du bereits praktizierst, z. B. als HP, HPP, Physiotherapeut, Masseur, Arzt und Psychotherapeutin beziehungsweise schon als Coach tätig bist. Viele meiner Hypnoseschülerinnen und -schüler kommen aus diesen Berufssparten, um ihr bestehendes Angebot abzurunden und um ihre Klientinnen und Klienten schneller und nachhaltiger unterstützen zu können.

Ich könnte über Marketing, vor allem über Positionierung und Suchmaschinenoptimierung ein separates Buch schreiben, weil das sehr umfassende Themen sind. Da es in »Hypnose – Alles ist möglich« aber um Hypnose geht, habe ich die wichtigsten Tipps für dich zusammengefasst.

Ich kenne viele Hypnosetherapeutinnen, Hypnosetherapeuten bzw. Hypnosecoaches, die fachlich top sind - und dennoch sind ihre Praxen leer. Denn niemand weiß, dass es sie gibt. Das ist schade und hat einen Grund.

Diese Kolleginnen und Kollegen machen zu wenig oder falsches Marketing. Viele Hypnotiseure sehen Marketing als notwendiges Übel, das gerne unter den Tisch fallen gelassen wird. Falls sie überhaupt Marketing machen, dann ohne jede Strategie, unregelmäßig, planlos.

Sie sagen: Ich bin Hypnotiseurin, keine Marketingspezialistin. Oder: Marketing interessiert mich nicht, ich mag das nicht machen. Oder: Ich habe nicht die finanziellen Mittel, professionell Marketing zu machen oder machen zu lassen. Oder: Ich baue meine Praxis eben über Weiterempfehlungen auf.

Wenn du deine Praxis nur über Weiterempfehlungen aufbauen möchtest, kann es mehrere Jahre dauern, bist du davon leben kannst. Wenn du Vollzeit mit Hypnose arbeiten möchtest, musst du lange im Angestelltenverhältnis bleiben, bis es über Empfehlungen soweit ist.

Zu Beginn brauchst du unbedingt das richtige Marketing, das heißt strategisch, zielgerichtet und regelmäßig. Dafür musst du auch Geld in die Hand nehmen.

So finden die Menschen den Weg zu dir. Wenn du dann einen guten Job machst, greift mit der Zeit auch die Mund-zu-Mund Propaganda.

Marketing ist ein breites Feld, bei dem viele Menschen immer noch die klassischen Marketinginstrumente im Kopf haben wie Zeitungsinserate, Flyer, Broschüren oder Werbeartikel.

Dass heutzutage auch eine Homepage wichtig ist, wissen alle, aber nicht, dass es nicht mehr allein ausreicht, dass sie gut aussieht. Denn Google sucht nicht nach schönem Design, sondern nach anderen Kriterien.

Ich unterscheide zwischen Offline- und Online-Marketing. Und habe für dich hier meine besten fünf Offline- und zwei Online-Marketingtipps zusammengestellt.

Offline-Marketing

Zum Offline-Marketing gehören die oben erwähnten Zeitungsinserate, Flyer, Broschüren, und Werbeartikel, aber auch Visitenkarten, Vorträge halten, Infoveranstaltungen halten, Autowerbung und vieles mehr.

Aber was davon funktioniert und macht Sinn?

Visitenkarten

Du brauchst hochwertige Visitenkarten. Hochwertig heißt gutes, dickes Papier. Keine kostenlose Variante mit Werbung des Herstellers auf der Rückseite.

Auf der einen Seite stehen nur deine Kontaktdaten. Auf der Rückseite macht sich das professionell entworfene Logo gut.

Dein Foto, Karte mit Lageplan oder diverse Anwendungsgebiete der Hypnose haben auf der Visitenkarte nichts verloren. Das ist alles auf deiner Homepage zu finden, und deine Internetadresse ist bei den Kontaktdaten angegeben.

Als ich diesen Tipp in einem meiner Blogartikel veröffentlicht hatte, kam von zwei Kolleginnen die Rückmeldung, dass sie es gerne haben, wenn auf einer Visitenkarte das Foto der Person drauf ist. Dann könnten sie auch nach längerer Zeit die Karte der Person noch zuordnen. Das mag für Personen stimmen, die keine Webseite mit ihrem Bild haben. Aber das sollte für Hypnotiseure und Hypnotiseurinnen nicht zutreffen, also ist es ein Leichtes, sich auf der Webseite umzuschauen, wobei Interessierte sich zusätzlich einen Eindruck des aktuellen Angebots machen können.

Zusatztipp: wenn du Englisch kannst, empfehle ich dir Fiverr zur Logogestaltung. Das ist eine Online-Plattform, die internet-basierte Dienstleistungen vermittelt. Die Angebote beginnen bei einem Preis von fünf US-Dollar, woraus sich der Name des Unternehmens (Fiver = Fünfer) ableitet.

Bei Fiverr ist es möglich, kleine Dienstleistungen zu kaufen oder verkaufen, die sogenannten „Gigs“. Die Bandbreite der Gigs reicht von der grafischen Erstellung von Visitenkarten, Logos zu Buchcovern, Hilfe beim Programmieren oder Arbeiten von Online-Büroassistenten.

Je nachdem, welche Zusatzdienstleistungen du möchtest, kannst du Zusatzpakete für 5 oder 10 USD kaufen. Eine Zusatzdienstleistung für ein Logo ist zum Beispiel, dass du mehrere Vorschläge bekommst und das bevorzugte Logo unbegrenzt oft überarbeiten lassen kannst, bis es dir 100-prozentig gefällt.

Ich habe sowohl das Logo als auch das Cover meines ersten Buchs dort gestalten lassen und habe für das Logo 25 USD und das Buchcover 40 USD bezahlt.

Ein professionelles Logo macht was her, und du kannst es für die Visitenkarten, die Webseite und andere Werbematerialen verwenden. Mache es keinesfalls selber (außer du bist Grafikerin), denn dann sieht es in der Regel auch so aus: selber zusammen gebastelt. Das ist unprofessionell.

Webseite: www.fiverr.com

Wenn du eine deutsche Webseite und Anbieter bevorzugst, dann kannst du das Logo bei LOGO24 machen lassen. Dort kostet ein Logo 90 Euro. Du bekommst 3 Logo-Entwürfe und unbegrenzte Logo-Korrekturen.

Webseite: www.logo24.de

Zeitungsinserate

Meiner Erfahrung nach funktionieren Zeitungsinserate dann gut, wenn du genau auf ein Thema bezogen inserierst, und zwar in regelmäßigen Abständen zum selben Thema.

Beispiele: Rauchstopp mit Hypnose / Angstfrei durch Hypnose / Gewichtsreduktion mittels Hypnose / Gut ein- und durchschlafen dank Hypnose und so weiter.

Inserate wie »Hypnose hilft bei Ängsten, Depressionen, Gewichtsreduktion, Schlafstörungen, Rauchstopp, chronischen Schmerzen und vielem mehr« bringen in der Regel- außer Kosten - nichts. Diesen Effekt habe ich zu Beginn des Buchs beschrieben und anhand zwei meiner Inserate aufgezeigt.

Immer wieder höre ich von Kolleginnen und Kollegen, dass Zeitungsinserate überhaupt nichts gebracht haben. Das sei der typische »außer Spesen nichts gewesen«-Effekt. Wenn ich mir das Inserat dann zeigen lasse, sind es meist Bauchladen-Inserate im Stil von „Hypnose hilft von A - Z" und »ich kann das alles lösen«. Auch wenn das stimmt, fühlt sich davon niemand angesprochen.

Wir Menschen ticken so, dass wir lieber zu einer Spezialistin oder einem Spezialisten für unser Problem gehen als Allround-Angebote anzunehmen. Darum ist es besser, einige Zeit lang ein einzelnes Themengebiet zu bewerben, wie ich es mit „Abnehmen beginnt im Kopf" gemacht habe. Das hat den Vorteil, dass du potentielle Klienten und Klientinnen mit einem Problem über das Inserat direkt ansprichst. Leite sie dann auf deine Webseite, auf der du unbedingt das Thema ausführlich beschreibst. Ich habe sehr ausführliche Informationen auf meiner Praxiswebseite über HypnoSlim©. Dort können sich Interessentinnen noch weiter einlesen und sich von meiner Kompetenz auf diesem Gebiet überzeugen.

Du verlierst dadurch keine Klientinnen oder Klienten. Zuerst gewinnst du viele Neue für das gewählte Thema. Sind diese Menschen zufrieden mit dir und den Ergebnissen der Hypnose, wirst du weiterempfohlen. Erfahrungsgemäß kommen über diese Empfehlungen Menschen mit allen möglichen verschiedenen Problemen.

Manchmal funktioniert ein und dasselbe Inserat in einer Zeitung super gut, in einer anderen gar nicht. Teste es aus.

Vorträge und Infoveranstaltungen

Vorträge und Infoveranstaltungen sind ein wunderbares Marketingmittel. Dort lernen dich interessierte Personen persönlich kennen. Du gibst ihnen deine professionelle Visitenkarte mit oder vereinbarst gleich vor Ort einen Termin.

Eine gute Gelegenheit dafür ist zum Beispiel ein Tag der offenen Tür in deiner Praxis entweder zur Praxiseröffnung oder jedes Jahr am 4. Januar, dem Welthypnosetag.

Für viele Menschen bedeutet diese Art des Marketings einen großen Schritt aus ihrer Komfortzone heraus. Es geht jedoch bei Vorträgen oder Infoveranstaltungen nicht darum, dass du eine perfekte PowerPoint-Präsentation machst und wie ein Entertainer das Publikum jede Sekunde beglückst. Es geht darum, den Zuhörerinnen und Zuhörern zu erzählen, was Hypnose ist und kann. Es geht auch darum, dich und deine Persönlichkeit zu zeigen.

Ich kenne etliche Kolleginnen und Kollegen, die bald nach der Hypnoseausbildung angefangen hatten, regelmäßig entweder allein oder zu zweit oder dritt Infoabende zu halten. Obwohl sie das erste Mal nervös und unsicher waren, buchten etliche Teilnehmer vor Ort einen Termin. Andere nahmen Visitenkarten mit und buchten später eine Erstsitzung. Mit jedem Infoabend wurden die Kolleginnen und Kollegen sicherer und gelassener, es macht ihnen mittlerweile viel Spaß.

Kostenlose Infoabende kannst du in der Lokalzeitung und auf Facebook bewerben.

Flyer / Broschüren

Früher gehörte es dazu, einen Flyer zu haben. Aber wo willst du die Flyer unter die Leute bringen? Als Beilage in einer Zeitung brauchst du je nach Auflage mehrere tausend Stück. Auch wenn du Flyer heute schon recht günstig drucken lassen kannst, kostet es dich Zeit und Geld, und viele davon landen im Müll. Zumal die meisten Flyer einen Bauchladen präsentieren.

Oft höre ich als Antwort, Flyer könnten zum Beispiel im Fitnessstudio im Ort ausgelegt werden. Die Fitnessstudiobetreiber lassen aber nicht jeden dort seine Flyer auslegen. Außer du hast Vitamin B, dann klappt es womöglich.

Wenn du viele Vorträge hältst oder als Ausstellerin auf Messen gehst, kann es sich dagegen lohnen, einen hochwertigen Flyer machen zu lassen. Aber nicht mal da ist es nötig, du gibst dort den Interessenten deine Visitenkarten ab. Den persönlichen Kontakt hast du dann schon, den Rest finden sie auf deiner Webseite.

Zwei meiner Schülerinnen haben berichtet, dass sie einen sehr guten Draht zu ihrem Hausarzt haben, der offen für Hypnose sei und sie um Flyer gebeten hat. Das ist jetzt ein sehr guter Grund, hochwertige Flyer mit einem professionellen Bild von dir und deinem professionellem Logo erstellen zu lassen.

Werbeartikel sind ebenfalls keine geeignete Maßnahme, neue Klientinnen und Klienten zu gewinnen. Auch da ist die Frage, wo Menschen, die dich nicht kennen, sie bekommen sollen.

Autowerbung

Es gibt Magnetschilder, die an der Seitentür des Autos angebracht werden. Die werden aber nur gesehen, wenn du das Auto regelmäßig dort parkst, wo viele Menschen zu Fuß vorbeilaufen.

Besser ist da schon ein Heckscheibenaufkleber mit deiner aussagekräftigen Internetadresse, z.B. www.hypnose-ort.de. Wer hinter dir fährt, sieht das die ganze Zeit.

Autowerbung hat den Vorteil, dass du sie nur einmal bezahlst und unbegrenzt nutzen kannst – im Falle eines Heckscheibenaufklebers zumindest solange du das Auto nicht wechselst.

Online-Marketing

Auch das Online-Marketing ist ein riesiger Bereich, den ich nicht umfassend in diesem Buch abdecken kann. Dazu werde ich vielleicht ein eigenes Buch schreiben. Hier sind für den Start ein paar wichtige Inputs für dich.

Internetseite

Wie ich oben erwähnt habe, reicht es heutzutage nicht mehr aus, eine Homepage zu haben. Denn Google, hier stellvertretend genannt für alle Suchmaschinen, hat einen eigenen Suchalgorithmus, der auch noch ständig verändert wird.

Wichtig ist es, dass du deine Homepage für Suchmaschinen optimierst. Der Fachbegriff dafür ist SEO, was für Search Engine Optimization steht.

Zum SEO gehören eine ganze Reihe an Aktivitäten und Methoden, zum Beispiel:

- Überschriften in den einzelnen Seiten sollten Keywords enthalten, das sind Schlüsselwörter wie z. B. Rauchstopp.
- Keywords sollen auch im Text immer wieder vorkommen, aber auf natürliche Weise im Text eingebunden sein.
- Die Seiten sollten eine Sidebar enthalten (bevorzugt links), in der dein professionelles Foto und deine wichtigsten Kontaktdaten enthalten sind.
- Jede Seite sollte eine Handlungsaufforderung haben, einen Call to Action. Das kann z. B. ein Button sein „Hier Termin buchen". Der Button solle sich auf jeder

Einzelseite befinden. Ein guter Platz ist die sogenannte Sidebar oder das Randfenster.

- Wenn du bevorzugt per Telefon kontaktiert werden willst, schreibe deine Telefonnummer deutlich sichtbar in die Sidebar, wenn du Kontakt per E-Mail bevorzugst deine E-Mail-Adresse. Das erhöht die Conversion Rate, also die Zahl der Besucher, die dann auch einen Termin bei dir buchen.
- Links sollten so gesetzt sein, dass sie aussagekräftigen Text enthalten. Beispiel: Mehr über die Hypnoseausbildung erfahren Sie hier – statt Mehr über die Hypnoseausbildung erfahren Sie hier. Google hält Wörter, die in einem Link stehen, für wichtig, was für das Finden und Anzeigen deiner Webseite hilfreich sein kann.
- Dienlich sind Links von deiner Homepage zu externen Webseiten und vor allem umgekehrt, Links fremder Seiten zu deiner. Gut eignen sich dafür deine Fanseite auf Facebook, dein XING Account und so weiter, von wo du auf deine Homepage verlinkst.
- Google mag Content, also Inhalt. Wenn du gerne schreibst, empfehle ich dir einen Blog. Dort hast du immer wieder neue Inhalte, die auf deine Homepage kommen. Bloggen ist mittlerweile eine kleine Wissenschaft für sich, macht aber auch Spaß. Ausführliche Infos zum richtigen Bloggen findest du auf dem Affenblog.
- Google mag auch Videos. Drehe zum Beispiel ein Video, in dem du dich kurz vorstellst. Dazu reicht erst mal ein Camcorder oder dein Smartphone. Achte auf einen klaren Hintergrund, auf die Akustik und auf genügend Licht. Und mache es unbedingt im Querformat. Das Video ist toll für deine Startseite.

Das ist ein paar der wichtigsten Tipps, wie du deine Internetseite aufbereiten solltest, damit Google deine Internetseite mag und dich Interessierte via Internet finden. Es gibt tonnenweise mehr davon. Wenn du keine Kenntnisse hast, um alles selber umzusetzen, empfehle ich dir professionelle Hilfe zu holen, indem du deine Internetseite von Profis betreuen lässt oder einen der vielen kostengünstigen Onlinekurse von Marketingprofis besuchst, die es gibt, um es selbst zu lernen.

SEO ist jedoch nicht etwas, das du einmal machst und das war es. SEO ist etwas Fortlaufendes.

Social Media

Ich empfehle dir, zumindest eine Facebook Fanseite anzulegen und einen XING Account.

Wenn du gut in Fahrt bist, dann kannst du auch noch bei Twitter, Instagram, LinkedIn und Pinterest mitmischen.

Auch hier gilt: Die Seiten bzw. Accounts nur anzulegen ohne sie zu pflegen bringt nichts. Diese Seiten wollen regelmäßig gefüttert werden mit News. Nur dann bringen sie dir was. Ich mache es so, dass ich einen Post vorbereite, entweder nur ein themenbezogener Text oder Text mit Bild und das dann in all meinen Social Media-Profilen veröffentliche. Postings mit Bild kommen besser an.

Wenn ich in meinen Hypnoseklassen über solche Marketingmaßnahmen spreche, höre ich regelmäßig den Einwand: ich bin doch Hypnotiseur, kein Marketingexperte!

Ja das stimmt, aber ohne Marketing bist du eine Hypnotiseurin oder ein Hypnotiseur mit zu wenig oder keinen Klienten. Meine kurze Zusammenfassung zeigt dir schon, dass gutes und zielführendes Marketing sehr umfangreich ist. Ich verstehe, wenn du nun denkst, dass du nicht mehr zum Hypnotisieren kommst, wenn du so viel Marketing machen sollst.

Aber sieh es mal so: wenn du zu Beginn noch nicht genügend Klientinnen und Klienten hast, dann nutze die Zeit, dich ins Marketing einzuarbeiten. Du brauchst kein Vollprofi zu werden. Aber wenn du eins ums andere umsetzt oder umsetzen lässt, bringt es dir mehr Klientinnen und Klienten. Und das bedeutet, du kannst deine Berufung immer mehr leben, du hast weniger finanzielle Sorgen und kannst dich dadurch immer öfter mit dem beschäftigen, was tu gerne tust: mit dem Hypnotisieren.

10 wichtige praktische Zusatztipps

Immer wieder werde ich von Kolleginnen und Kollegen, die frisch aus der Ausbildung kommen, gefragt, wie ich es so schnell geschafft habe, meine Praxis und mich bekanntzumachen.

Ich habe 2011 die OMNI-Ausbildung gemacht und 2012 das ganze Jahr über alle zwei Monate zum Thema „HypnoSlim© – Abnehmen beginnt im Kopf“ inseriert. Seit Anfang 2013 brauche ich für die Praxis nicht mehr zu werben. Ich bin seither gut positioniert als Spezialistin für Gewichtsreduktion und Behandlung von Essstörungen, habe Klientinnen und Klienten zu allen Themen von A - Z. Rund 50 % der neuen Menschen kommen über Mundpropaganda, der Rest über das Internet.

Aber das ist nicht alles. Hier sind meine praktischen Zusatztipps, wie du nach der Hypnoseausbildung erfolgreich und schnell deine Praxis aufbaust:

Fange sofort an

Fange nach der Ausbildung zur Hypnosetherapeutin oder zum Hypnosecoach sofort an. Setze gleich um, was du gelernt hast. Es ist menschlich, dass du anfangs in der Anwendung der Hypnosemethoden noch etwas unsicher bist. Aber wenn du es immer wieder hinauszögerst, mit den Sitzungen anzufangen, wirst du es womöglich nie tun. Ich kenne Kolleginnen, denen es so ergangen ist. Gehe aus deiner Komfortzone raus und fange an mit leichteren Themen wie Prüfungsangst, Angst vor Spinnen oder Rauchstopp. Starte so bald wie möglich, am besten in der ersten Woche nach der Ausbildung. Kümmere dich schon vor dem Hypnosekurs um Klienten und mache feste Termine ab, die kurz danach stattfinden. Dann festigst du das Gelernte am schnellsten. Gib der Aufschieberitis keine Chance.

Tu es statt zu üben

Oben habe ich dir geraten, dich rechtzeitig um Klienten zu kümmern, und zwar um zahlende. Ich meine keine Familienmitglieder, beste Freunde und den Partner bzw. die Partnerin, damit du „üben" kannst. Wenn sich jemand nur hinlegt und die Augen zumacht, weil du hypnotisieren üben möchtest, dann wundere dich nicht, wenn deine Übungsmenschen dir sagen, sie wüssten nicht, ob sie in Hypnose waren. Das verunsichert dich nur. Hypnosetherapie und Regress to Cause funktioniert einwandfrei, wenn eine Person auf dich zukommt, Leidensdruck hat und eine Veränderung möchte. Und nicht, wenn du dein Umfeld überredest, sie sollen sich von dir hypnotisieren lassen. Regress to Cause ist nichts zum einfach mal so üben, das ist eine echte Hilfemaßnahme. Also arbeite von Anfang an mit echten Klientinnen und Klienten.

Wenn du dir dennoch zu unsicher bist und zuerst „üben" möchtest, dann gibt es da eine tolle Möglichkeit: mache mit einer oder mehreren Teilnehmerinnen oder Teilnehmern deiner Hypnoseklasse einen Termin ab, bei dem ihr gegenseitig eure Themen löst. Meine Schüler nutzen diese Gelegenheit sehr gerne und berichten über die wunderbaren Ergebnisse.

Verabschiede dich vom Perfektionismus

Keine Hypnosesitzung verläuft perfekt, weder die erste noch die tausendfünfhunderterste. Ich habe damals einfach angefangen und die Sitzungen so gut gemacht wie ich konnte. Oft dachte ich im Nachhinein: „hätte ich nur das noch gesagt“ oder „oh, ich habe jenes vergessen“. Und weißt du was? Es hat trotzdem geklappt, und ich bekam tolle Rückmeldungen. Das hat mich bestärkt in dem, was ich tue. Ich wurde immer sicherer, erfahrener und dadurch besser. Auch wenn ich heute viele „bilderbuchmäßig“ verlaufende Sitzungen habe, ist mir eins immer bewusst: es gibt keine perfekte Hypnosesitzung. Egal, wie viel Erfahrung du hast. Fange an und setze um, was du gelernt hast.

Spezialisiere dich auf ein Anwendungsgebiet

Das habe ich weiter oben schon thematisiert. Wenn du eine Webseite erstellst und einen Hypnose-Bauchladen anbietest, sprichst du niemand mit seinem Problem an. Typische Webseiten von Hypnotiseurinnen bzw. Hypnosecoachs lauten in etwa so: „Hallo, mein Name ist XY, ich bin zertifiziert durch Hypnoseschule YZ und ich biete Hypnosetherapie an bei Ängsten, Phobien, Depressionen, Zwangsstörungen, Essstörungen und für Stressmanagement.“ Das sind alles korrekte Anwendungsgebiete der Hypnosetherapie (in Deutschland nur mit Heilerlaubnis), aber damit hebst du dich nicht ab.

Finde also EIN Anwendungsgebiet heraus, das dir besonders liegt und schreibe auf deiner Homepage eine ganze Einzelseite darüber. Damit ziehst du vor allem Menschen mit diesem Symptom an, kannst viele Erfahrungen machen und wirst immer mehr weiterempfohlen. Mache dann eine weitere Seite mit Rückmeldungen zufriedener Klientinnen und Klienten zu dem Thema (sofern du es darfst).

So habe ich es mit Gewichtsreduktion gemacht. Ich habe mich als Spezialistin für „HypnoSlim© – Abnehmen beginnt im Kopf“ positioniert und damit meine Praxis gefüllt. Die zufriedenen, da schlankeren Klientinnen haben mich generell weiterempfohlen, auch für andere Themen. Es gibt viele Angebote zum Thema Positionierung. Nutze sie und mach dich schlau.

Sprich überall über Hypnose

Damit meine ich nicht, dass du jeder Person, die du triffst, eine Story über die Hypnose auf's Auge drückst, ob sie will oder nicht. Oder jeden überreden sollst, zu dir zur Hypnosetherapie oder ins Hypnosecoaching zu kommen. Aber wenn dich jemand fragt, was du beruflich machst, sage selbstbewusst „ich helfe Menschen bei ihren psychischen/mentalen/physischen Problem, damit sie sich schnell besser fühlen (nenne max. 2 - 3 Bereiche, die du anbietest, z. B. angstfrei zu fliegen), und das erreichen wir mit Hypnose“ - und schon bist du im Gespräch.

Sei also vorbereitet und habe immer genügend hochwertige Visitenkarten dabei. Verteile sie unverbindlich an Interessierte. Sie kommen vielleicht nicht gleich, aber irgendwann machen sie einen Termin bei dir ab oder schicken dir jemanden. Ich habe schon Klienten bekommen, weil ich mich im Media Markt habe beraten lassen bei der Suche nach einem Camcorder für die Aufnahme von Video Testimonials. Die beiden Verkäufer wollten das Anwendungsgebiet wissen, um mich besser beraten zu können. Als ich Hypnosetherapie sagte, haben die beiden mich 30 Minuten über Hypnose ausgefragt. Beide wollten meine Visitenkarte. Für den Camcorder plus Zubehör hatte ich mich übrigens nach 15 Minuten entschieden. Sprich überall über Hypnose, wo sich die Gelegenheit ergibt.

Networking

Unterschätze niemals, was Netzwerken dir bringen kann. Wenn für dich Hypnose kein „ich mache das mal so nebenbei“ Hobby ist, sondern du deine Interessen und Fähigkeiten mit dem Beruf verbinden, deinen Herzenswunsch ausleben und auch davon leben möchtest, dann vernetze dich. Networking gehört zu den wichtigsten und mächtigsten Marketinginstrumenten.

In allen größeren Städten gibt es Möglichkeiten, an Netzwerktreffen teilzunehmen. Das sind zum Beispiel monatliche Treffen von Business Frauen, selbstständigen Unternehmerinnen und Unternehmern oder allgemein Gleichgesinnten zu einem Thema. Das muss überhaupt nichts mit Hypnose zu tun haben.

Bei diesen Treffen hast du die Möglichkeit, dich und deine Tätigkeit kurz vorzustellen, sich danach auszutauschen und Visitenkarten zu verteilen. Diese neuen und persönlichen Kontakte sind äußerst wertvoll.

Oder gründe ein eigenes Treffen zum Beispiel in Form von einem Stammtisch. In einer lockeren Runde mit leckerem Essen können sich die Teilnehmerinnen und Teilnehmer zwanglos kennenlernen, austauschen und auch fachsimpeln. Wer dich so kennenlernt und Vertrauen fasst, bucht eher einen Termin bei dir als bei einer komplett fremden Person. Oder du wirst weiterempfohlen. Das ist doch beides klasse.

Fokus und Durchhaltevermögen

Daran scheitern viele, die sich selbstständig machen, unabhängig von der Branche. Da mir wie am Anfang beschrieben kurz vor meiner Hypnoseausbildung gekündigt wurde und ich nicht mehr in die IT zurück wollte, habe ich mich voll und ganz auf den Aufbau meiner Praxis fokussiert. Voll und ganz. Zu 100 %. Zeit genug hatte ich.

Aus Erfahrung weiß ich, dass etliche meiner Schülerinnen noch in ihrem „alten“ Job stecken, aus dem raus sie in die Selbstständigkeit möchten. Das ist auch machbar, solange du dich außerhalb dieses Jobs voll auf den Aufbau deiner Praxis fokussierst, auch wenn du weniger Zeit zur Verfügung hast. Auch hier zeigen Beispiele von etlichen meiner Schülerinnen, wie sie nach und nach ihren Job reduzierten, je besser die Praxis lief. Sie haben Zeit, Energie und Geld ins Marketing investiert, sie sind drangeblieben.

Kennst du dieses Bild von dem Mann, der sich durch einen Tunnel gräbt, um eine Goldmine zu finden? Kurz vor dem Ziel hört er auf zu graben und kehrt um. Auf dem Bild ist zu sehen, dass es nur noch wenige Zentimeter gebraucht hätte bis zur Goldmine.

Mache es nicht wie dieser Mann! Bleibe fokussiert, hartnäckig und zeige Ausdauer. Nur so schaffst du dein Ziel. Ich erlebe es immer wieder bei Kolleginnen und Kollegen, dass sie mit viel Motivation in ihre Hypnosetätigkeit starten, aber dann genauso schnell wieder nachlassen, wenn es nicht gleich so läuft wie sie es sich vorgestellt haben.

Je weniger zu Beginn in deiner Praxis läuft, umso mehr Zeit solltest du in deine Marketingaktivitäten investieren.

Fleiß

Der Fleiß ist ebenfalls sehr wichtig, um erfolgreich zu sein, was auch immer für dich persönlich Erfolg bedeutet. Fleiß ist nicht unbedingt gleichzusetzen mit Fokus und Ausdauer. Fleiß bedeutet, täglich an deiner Sichtbarkeit zu arbeiten. Täglich! Jeden einzelnen Tag.

Selbst wenn du Familie und Kinder hast und „nur“ Teilzeit in deiner Praxis tätig sein willst, sind tägliche Marketingaktivitäten äußerst wichtig, vor allem auf deinen Social-

Media-Kanälen. Plane dir daher jeden Tag eine bestimmte Zeitdauer dafür ein. Täglich 30 Minuten sind wesentlich wirksamer als unregelmäßig 2 Stunden.

Leidenschaft und Begeisterung

Wenn du etwas erreichen willst, dann mache es mit Leidenschaft und Begeisterung. Dabei spielt es keine Rolle, ob es dein Ziel ist, Vollzeit oder Teilzeit mit Hypnose zu arbeiten.

Nimm deine tiefe Überzeugung von dieser wunderbaren Methode und trage sie nach außen in persönlichen Gesprächen mit anderen, aber auch durch deine Facebook-Seite, Webseite und so weiter. Wenn die Menschen da draußen spüren, dass Hypnose für dich nicht einfach nur ein Job ist, beginnen sie dir zu vertrauen und buchen schließlich einen Termin bei dir.

Setze auch die Marketing-Aktivitäten mit Begeisterung um!

Löse deine Blockaden

Einen letzten Tipp habe ich noch. Einen ganz wichtigen. Wenn du merkst, dass irgendwas dich blockiert, mit der Hypnosetherapie oder dem Hypnosecoaching anzufangen, dann suche dir schnellstens eine Kollegin oder einen Kollegen deines Vertrauens. Was gibt es Besseres, als die Hypnose selber zu erleben und von den positiven Veränderungen zu profitieren! Du willst anderen Menschen helfen? Dann löse zuerst deine Blockaden – natürlich mit Hypnose. Mache das jetzt, nicht irgendwann.

Zum erfolgreichen Aufbau einer Praxis gehören ein professionelles Auftreten, eine für Suchmaschinen optimierte Webseite und regelmäßige Printinserate über dein Spezialgebiet dazu. Aber wenn du meine Spezialtipps umsetzt, schaffst du es und schneller, als du je gedacht hast.

Gelegentlich treffe ich Kolleginnen und Kollegen, die kein so umfassendes Marketing gemacht haben und es dennoch in einem Jahr geschafft haben, ihre Praxis Vollzeit zu betreiben. Bei der Mehrheit läuft das allerdings nicht so. Hier ist es wie überall im Leben: Ausnahmen bestätigen die Regel.

Marketing zu machen gehört heute dazu, wenn du dich selbstständig machst und auch noch, wenn du beruflich schon auf eigenen Füßen stehst. Es ist ein komplexes Thema, und es gibt einfache Wege, um wirksam einzusteigen.

Kommuniziere deine Botschaft klar, einfach, täglich und mit Leidenschaft. Werde sichtbar!

Mache einen guten Job in der Praxis und setze deine Kenntnisse und Fähigkeiten um. Dann empfehlen dich deine Klientinnen und Klienten weiter.

Auf den Weg

Ich bin dem Schicksal sehr dankbar, dass ich zur Hypnose gefunden habe. Einerseits konnte ich mit Hypnose etliche belastende Ereignisse aus meiner Vergangenheit auflösen, andererseits erfüllt mich meine berufliche Tätigkeit als Hypnosetherapeutin und Hypnoseausbilderin. Mein Weg von der Angestellten zur selbstständigen Unternehmerin, den ich dir in »Hypnose – Alles ist möglich« in Auszügen beschrieben habe, war intensiv, spannend und herausfordernd - und ich würde ihn jederzeit wieder gehen.

Unzählige Menschen sind mit den Lasten ihrer Probleme in meine Praxis gekommen und haben sie mit strahlenden Augen und entspanntem Gesicht verlassen. Das waren Menschen, die absolut offen kamen und andere, die der Hypnose gegenüber sehr skeptisch waren. Ich kann nicht mehr zählen, wie oft ich schon gehört habe „Ich hätte nie gedacht, dass ich hypnotisierbar bin und dass Hypnose so gut wirkt".

Manche meiner Klienten und Klientinnen geben mir direkt die Rückmeldung, wie gut es ihnen seit der Sitzung ergangen hat, viele empfehlen mich weiter. Das ist eine wunderschöne Bestätigung meiner Arbeit mit Hypnose.

Das Schönste für mich und meine Berufung ist es, mit Menschen zusammen zu arbeiten und ihnen zu zeigen, wie sie sich selbst verändern können. Ich heile niemanden, sondern zeige den Menschen, wie sie selber ihre unbewussten Blockaden lösen und sich den Weg für ein gesundes und erfülltes Leben freimachen können.

Das Unterrichten von Hypnose erfüllt mich ebenso. Denn je mehr Menschen mit Hypnose arbeiten, umso mehr Klientinnen und Klienten können wir helfen. Das verhilft der Hypnose und Hypnosetherapie zu einem größeren Bekanntheitsgrad und zu mehr Akzeptanz und den Menschen zu einem besseren Leben.

Hypnose ist zudem eine wunderbare Ergänzung für Heilpraktiker, Heilpraktiker für Psychotherapie, Ärzte, Psychologen, Psychotherapeuten, Physiotherapeuten, Masseure und Coaches, die bereits eine Praxis haben und noch wirksamer arbeiten möchten.

Du kannst Hypnose auch nebenberuflich anbieten, entweder zum schrittweisen Aufbau einer Praxis neben dem Hauptberuf oder als Nebenerwerb.

Ich empfehle dir: Schaue dir Hypnose an. Probiere sie aus und finde heraus, wie du sie für dich und andere nutzen kannst. Denn mit Hypnose ist alles möglich!

Ich freue mich, wenn du deine Hypnose-Erfahrungen mit mir teilst und bin offen für deine Fragen. Du erreichst mich unter *www.omnihypnoseausbildung.de*

Herzlichst,

Sandra

Über Sandra Blabl

Sandra hat nach jahrelanger Tätigkeit als Wirtschaftsinformatikerin in globalen Unternehmen ihrem Leben eine neue Richtung gegeben. Bedingt durch die damalige Diagnose von Fibromyalgie befasste sie sich intensiv mit der Naturheilkunde, energetischen Verfahren und Hypnose. Nach der Heilung ihrer Krankheit ließ sie sich in diesen Methoden ausbilden und ist in ihrer Praxis als Hypnosetherapeutin und Heilpraktikerin tätig.

Zudem leitet sie die OMNI Hypnose Training Center® in Köln, München und Weil am Rhein. Das von ihr entwickelte Fortbildungsseminar HypnoSlim® Fachfortbildung für Hypnosetherapeuten und Hypnosecoaches ist regelmäßig ausgebucht und findet in der Schweiz und in Deutschland statt.

Weiterhin hält sie Vorträge an Internationalen Hypnosekongressen in Zürich, Berlin, London, Sao Paolo und an der NGH Convention & Educational Conference, dem weltweit größten Hypnosekongress in den USA.

Am Internationalen Hypnosekongress in Zürich wurde Sandra der Hypnose Newcomer Award 2014 verliehen. Im August 2016 hat sie den Gerald F. Kein OMNI Award for Excellence in Hypnotism erhalten.

Anhang A: Finde eine OMNI Hypnose in deiner Nähe

Du möchtest Ursachen auflösende Hypnose selbst erleben und eins deiner belastenden Themen lösen? Dann suche im OMNI Finder unter https://omnifinder.net/de/ einen Hypnosetherapeuten, eine Hypnosetherapeutin oder Hypnosecoach in deiner Region.

Anhang B: Die OMNI Hypnose-Ausbildung

OMNI Hypnose steht nicht nur für eine wirksame, schnelle und ursachenorientierte Hypnose-Methode.

Das OMNI Netzwerk wächst ständig an. Die deutschsprachigen Kolleginnen und Kollegen sind zum größten Teil in einer Facebook-Gruppe, in der ein sachlicher und kompetenter Erfahrungsaustausch stattfindet. Unsere Schüler sind nicht vergessen, sobald sie die Ausbildung abgeschlossen haben. Im Gegenteil, wir ermutigen alle, den Kontakt aufrechtzuerhalten. Die Anzahl der regionalen OMNI Stammtischtreffen, die gerne besucht werden, wächst ebenfalls. Wir legen Wert auf diesen Austausch, denn zusammen können wir etwas bewegen. Wir nennen uns die OMNI Familie. Auch du kannst ein wertvolles Mitglied werden.

Mehr Informationen zur Hypnose und Hypnose-Ausbildung findest du bei *www.omnihypnoseausbildung.de*

Anhang C: Hypnose Vokabular

Im Folgenden erkläre ich dir einige wichtige Begriffe aus der Hypnosewelt. Es gibt wesentlich mehr, als ich hier aufführe. Um es einfach zu halten, beschränke ich mich absichtlich auf das Hypnosevokabular, das ich in meinem Buch verwende.

Aufdeckende Hypnose

Aufdeckende Hypnose ist gleichzusetzen mit Hypnoanalyse, die weiter unten beschrieben ist. Die Autorin nennt sie ursachenorientierte Hypnose.

Bewusstsein

Das Bewusstsein ist derjenige Teil unseres Verstands bzw. Gehirns, in dem mentale Prozesse auf rationelle, analytische Weise oder mit Willenskraft angegangen werden.

FSE

Final Sensitizing Event ist das Ereignis, von dem einige Menschen glauben, dass es die Ursache des danach entstandenen Symptoms ist. Der FSE ist der Tropfen, der das Fass zum Überlaufen gebracht hat.

Hypnoanalyse

Vorgehensweise, bei der durch Hypnose die Ursache eines Problems lokalisiert wird. Dies geschieht normalerweise durch Regression. Im Gegensatz zur Psychoanalyse gelangt man mit Hypnoanalyse sehr schnell an den Kern des Problems.

Hypnotisand

Eine Person, die hypnotisiert wird.

Induktion

Der Prozess, die Technik oder das Vorgehen zur Einleitung und Herbeiführung der Hypnose.

ISE

Initial Sensitizing Event ist das auslösende Ereignis.

Regression

Altersregression oder einfach Regression ist eine Hypnosetechnik, die beim Hypnotisand ein Erinnern und Erleben eines vergangenen Ereignisses des jetzigen Lebens hervorruft.

Regress to Cause (R2C)

In der OMNI Hypnoseausbildung wird die Regression zurück zum auslösenden Ereignis Regress to Cause genannt und meint dasselbe.

Rückführung

Die Begriffe Regression und Rückführung werden oftmals wie Synonyme verwendet. Die Autorin verwendet den Begriff für Rückführung, wenn der Klient gezielt in ein früheres Leben gebracht wird.

Selbsthypnose

Bei der Selbsthypnose hypnotisiert sich die Person selbst ohne Zuhilfenahme von Audiodateien, CDs, DVDs oder Videos.

Somnambulismus

Ein tiefer Zustand der Hypnose, der heute als optimaler Zustand in der Therapie erachtet wird, um die besten und schnellsten Resultate für die Person zu erzielen. Der Begriff Somnambulismus entstammt dem lateinischen Wort für Schlafwandeln, hat aber in der Hypnose nichts mit Schlaf oder gar Schlafwandeln zu tun.

Suggestibilität

Suggestibilität ist die Hypnotisierbarkeit eines Menschen oder anders gesagt, seine Fähigkeiten, hypnotische Suggestionen aufzunehmen und die Fähigkeit seines Unterbewusstseins, diese umzusetzen. Als Hypersuggestibilität wird eine erhöhte Suggestibilität bezeichnet, die durch eine tiefe Hypnose hervorgerufen wird.

SSE

Subsequent Sensitizing Event ist ein auf ein ISE folgendes und Problem-verstärkendes Ereignis.

Trance

Die Begriffe Trance und Hypnose werden oft gleichgesetzt, da der Hypnotisand durch den hypnotischen Prozess in Trance gebracht wird. „In Hypnose sein“ und „in Trance sein“ ist somit dasselbe.

Die Wissenschaft definiert Trance als einen Bewusstseinszustand, der durch hochgradig eingeengte Aufmerksamkeit oder durch stark herabgesetzte Wachheit gekennzeichnet ist. Trance ist es etwas ganz Natürliches, das jeder Mensch schon erlebt und erfahren hat, ohne dass ihm das bewusst war.

Unbewusstes

Das Unbewusste ist derjenige Teil unseres Verstands bzw. Gehirns, in dem die automatischen Körperfunktionen (Atmung, Verdauung, Herzschlag, Immunsystem etc.) gesteuert werden.

Unterbewusstsein

Das Unterbewusstsein ist derjenige Teil unseres Verstands bzw. Gehirns, in dem unabhängig vom Bewusstsein mentale Prozesse und daraus resultierende Verhaltensmuster geprägt werden. Es ist der Sitz unserer Instinkte und Triebe, Emotionen, Gewohnheiten und Verhaltensmuster und der Ort, wo unser wahres „Ich“ zuhause ist.

Weitere be wonderful! Bücher

Sandra Blabl

»bulimiefrei Jetzt – Warum herkömmliche Therapien bei Essstörungen kaum helfen.

Die Autorin teilt in diesem stark autobiografischen Buch ihren Weg aus der Bulimie und zeigt einen Ausweg aus dieser Essstörung.

Mara Stix

»Unwiderstehlich Leben: Wie du als Frau mit Online-Marketing erfolgreich bist«

Eine Schritt-für-Schritt-Anleitung zum Aufbau deines Online-Business.

Tom Oberbichler:

»Mission Bestseller – Ratgeber und Sachbücher erfolgreich vermarkten und verkaufen«

Eine erprobte Anleitung für das wirksame Vermarkten von Ratgebern und Sachbüchern

»Du darfst! 50 Tipps & Inspirationen – Bücher und eBooks erfolgreich schreiben, veröffentlichen, vermarkten«

Kurze, knackige Tipps und Strategien aus der Praxis für die Praxis

»Feedback erfolgreich nutzen – Konstruktiv mit negativen Rezensionen, Kommentaren, Kritik umgehen«

So machst du das Beste aus jeder Kritik – egal ob gut oder schlecht.

»Meditation – Hypnose – Entspannung«

Eine Anleitung zur Selbsthypnose mit Atemübungen, Entspannungsübungen, Tranceinduktionen und -verführungen, 11 geführten Trancen – eBook und Taschenbuch

»Metaprogramme im NLP erkennen, verstehen, anwenden«

Einführung in die wichtigsten Metaprogramme mit starkem Praxisbezug – eBook und Taschenbuch

»be wonderful! Emotional erfolgreich mit angewandtem NLP«

Kurze Geschichten führen Sie in die Welt des NLP (Neurolinguistisches Programmieren) ein. Sie lernen bewusst wie anders-als-bewusst – eBook und Taschenbuch

»101 Tipps – Wie werde ich glücklich und emotional erfolgreich?«

101 praktische und erprobte Tipps – eBook und Taschenbuch

»Wandelnde Worte – Mit Trancegedichten vom Stress zur Entspannung«

Hypnotische Gedichte für Ihre Entspannung und Ihren Erfolg – eBook und Taschenbuch

Chris Pape und Tom Oberbichler

»Erste Hilfe für deine High Performance: Das Erste-Hilfe-Handbuch für deine Gedanken und Gefühle« Teil 1 von Pimp Your Brain!

Mit praktischen Übungen und Erfolgsgeschichten zeigen Chris und Tom, wie Sie das Steuer über die eigenen Gedanken und Gefühle wieder übernehmen und so Ihre Topleistung bringen.

Dr. Patrick K. Porter:

»Mit Vollgas zu Glück und Erfolg – Wie Sie erfolgreich durch ein Leben voller Stress steuern« (Deutsch von Tom Oberbichler)

Wissenschaftliche Hintergründe, Gedankenexperimente und Übungen, Erfahrungsberichte und noch mehr zu Stressmanagement und Erfolg – eBook und Taschenbuch

»6 Geheimnisse eines G.E.N.I.E.S. - Aktivieren Sie Ihr ganzes Potential!« (Deutsch von Tom Oberbichler)

Mit diesen Metaphern und Geschichten entfalten Sie Ihr ganzes Potential

Chris Pape:

»Bob's Tenderness«/Unicorn Records

14 Minuten Entspannungsmusik, live eingespielt mit Sansula und Meeresrauschen in Bajamar, Teneriffa - mp3 Download

»The Tenderness of Men«/Unicorn Records

40 Minuten Entspannungsmusik live mit Sansula – mp3 Download

»Herbstzeit-Loslassen«

29 Minuten gesprochene Trance mit live gespielter Sansula und Kalimba-Musik - mp3 Download

Die Bücher sind als eBook und Taschenbuch erhältlich.

Copyright und Haftungsausschluss

21496143R00087

Printed in Great Britain
by Amazon